Mon Histoire

Mon Histoire

Rome

Avec la collaboration de Bertrand Ferrier

HACHETTE
Jeunesse

L'auteur :

Tour à tour simple ville, royaume, République et Empire, Rome a dominé l'Antiquité. Après avoir été la capitale du monde, elle est devenue la capitale spirituelle de la chrétienté. Trois millénaires après sa formation, elle reste une référence essentielle de notre civilisation. Mon histoire est son premier livre. Le deuxième tome de ses mémoires est prévu vers janvier 5005.

Ce livre est dédié à tous ceux qui me demandent,
depuis trois mille ans :
"Alors, Rome, c'est pour quand ces mémoires ?"
Eh bien, ça y est !

1.

Naître ou ne pas naître, telle est la question

Ni louve, ni empire : Au début, ma vie n'était qu'un long fleuve plutôt tranquille. Quand il est devenu célèbre, on l'a appelé « le Tibre ». Il descendait des montagnes de l'Apennin et allait se jeter dans la mer Tyrrhénienne. À un moment, sur son parcours de quatre cents kilomètres, il sinuait entre des collines boisées. C'est là que mon histoire commence pour de bon, près de la mer et au cœur de la forêt.

Au bord du Tibre, sur les collines, il y avait des gens. Paraît-il. Je dis « paraît-il », parce que je n'étais pas là. Mais il semble que des humains s'étaient déjà installés sur mes collines dès le XIVe siècle avant Jésus-Christ. Comme trente-cinq siècles se sont écoulés depuis, on ne connaît ni leur nombre exact ni leur identité.

Si vous voyez dans les journaux un vieillard, même très vieux, affirmer : « J'ai connu Rome il y a trois mille cinq cents ans », ne le croyez pas : cet homme est un imposteur. De mes vrais premiers habitants, il ne reste aujourd'hui que des petits bouts de poterie, et des ruines de cabanes en bois et en torchis[1].

Pour bien comprendre le problème, faites une expérience : prenez un capuchon de bouteille, oubliez tout ce que vous savez sur votre époque et vous ; et, si vous y arrivez (attention ! c'est *très* difficile !), imaginez que quelqu'un retrouve ce capuchon dans quelques millénaires. S'il doit raconter votre histoire à partir de là, ça risque d'être « mission : impossible », n'est-ce pas ?

Ça ne découragera sans doute pas les historiens du XXXVe siècle, pas plus que les éclats de tessons retrouvés sur mes collines n'ont découragé les historiens de ces derniers siècles. Sans ménager leur peine, ils ont mis bout à bout d'antiques morceaux de céramique, au fur et à mesure qu'ils les découvraient. En les comptant, en les datant, en les comparant, ils ont reconstitué une partie du puzzle et de l'énigme de mes origines. Je les en remercie, bien que ça ne soit pas tous les jours facile de croiser des photos de soi bébé un peu partout.

C'est grâce à l'acharnement de ces fans que je peux vous raconter *grosso modo* mes débuts dans la vie. Mes vrais

1. Le torchis, c'est la terre qui reliait les pierres formant les murs d'une cabane.

débuts. Même si j'ai rêvé de débuts plus magnifiques. D'ailleurs... Non, non, d'accord, je vous raconterai une version améliorée plus tard. Pour le moment, je m'en tiendrai à mes débuts officiels, c'est-à-dire à des histoires de bergers qui menaient leurs troupeaux le long du fleuve.

Parfois, ces bergers venaient se reposer dans les hauteurs. Ils s'y installaient quelques jours, quelques semaines... ou davantage. Ils y étaient bien : il y avait de l'eau pas loin, du bois pour faire du feu, et du gibier en abondance dans les forêts qui recouvraient mes collines. En plus, ils étaient surélevés ; donc ils voyaient venir leurs ennemis au loin, et ils restaient au sec quand le Tibre débordait, ce qui arrivait souvent. Oui : on peut être un long fleuve tranquille et garder son caractère, faut pas exagérer.

Lorsque les bergers étaient reposés, ou lorsqu'ils étaient vraiment obligés de lever le camp car on les attendait ailleurs, hop ! ils repartaient, tout tristes.

J'avoue : « tout tristes », c'est moi qui l'ajoute, et pas seulement parce que je m'aime bien. D'autres pensaient sans doute la même chose que moi : ils ont répandu le bruit que le coin était agréable, car plus les années passent, plus les collines se peuplent. C'est ce qu'ont conclu les archéologues en remarquant que, dans leurs fouilles, ils trouvent beaucoup de tuiles et de pots, décorés avec une habileté croissante. Pas de doute : même bébé, je plais déjà aux hommes.

À quels hommes ? Mes historiens ne le savent pas précisément. D'après eux, au début, mes visiteurs n'ont rien à voir entre eux ; ils viennent d'horizons variés ; chacun a sa petite tradition avec ses petites habitudes : il mange avec tels doigts, il s'habille avec des peaux de tel animal, il plante tels légumes à la mode de tel lieu, etc.

Petit à petit, ces gens de passage approfondissent leurs relations. Vous savez comment c'est, les humains : incapables de vivre seuls. Remarquez, j'aime ça. Moi non plus, je ne supporterais pas de rester dans mon coin. Mes visiteurs pas davantage.

Donc, un soir, un berger a un bout de viande en trop, il va le proposer au voisin, pour ne pas gâcher. Le voisin lui offre un coup à boire, ou un outil sommaire – juste un petit quelque chose pour le remercier. Échange de bons procédés. Le lendemain, quand ils se croisent, ils ne se disent plus seulement : « Salut, ça va ? » sans attendre la réponse ; ils causent. S'ils ne se comprennent pas avec des mots, ils grognent ou ils font des gestes – c'est pratique aussi. Ils se présentent leurs amis respectifs ; et, les amis des amis devenant des amis, les liens se renforcent. Puis certains repartent ; et quand, après une éclipse de quelques mois, les absents reviennent, ils demandent des nouvelles des uns et des autres, les potins fusent : Untel s'est noyé ; Truc est là, un peu plus haut ; Muche, ça fait longtemps qu'on l'a pas vu, il pourrait passer ces jours-ci...

Alors, comme de vieux copains qui se retrouvent chaque été au bord de la mer, ils s'attendent et ils apprennent à s'apprécier. Bon, et à se détester aussi, ce qui permet de former des petits clans entre les partisans et les ennemis de tel ou tel. Entre amis, ils s'échangent de petits objets ; ils se rendent service : Machin constate que Chose fabrique drôlement bien les poteries, alors que lui-même est meilleur chasseur ; ils vont avoir de quoi troquer. L'homme le plus fort devient le chef : il a le droit de donner des ordres, mais il doit assurer en retour la protection des gens qui lui obéissent. Sinon, plus personne ne le respecte. Normal.

Je passe les détails et j'accélère ; sinon, on y est encore dans trois millénaires... et j'aurais trois millénaires de plus à raconter. Donc j'abrège : puisque les bergers s'apprécient, ils se sédentarisent, c'est-à-dire qu'ils sont de plus en plus nombreux à rester de plus en plus longtemps au même endroit. Ils construisent des huttes, puis des cabanes en bois plus élaborées, qui finissent par former des villages avec, tout autour, un enclos pour protéger les habitants, les maisons et les bêtes.

Le plus important, dans l'affaire, ce sont les bêtes, pour lesquelles on prie les dieux. Car rien n'est plus précieux que le troupeau. En latin, « troupeau » se dit *pecus* ; et « l'argent »... *pecunia.* Ce qui prime, c'est donc le bétail. Et ce qu'on craint le plus, c'est donc les loups, qui aiment à croquer de la chair fraîche. Ah ! si seulement un loup (ou une louve, pourquoi pas ?) décidait de s'allier avec les bergers pour vivre en bonne intelligence et fonder une grande ville...

Mais, pour le moment, il n'est pas question de loup : ce sont des hommes qui s'installent autour du Tibre. Selon la place sur la colline, selon le nombre de cabanes, selon le nombre de têtes des troupeaux, une hiérarchie s'établit entre leurs groupes. Le principe est simple : mieux vaut être nombreux, puissant et respecté que petit, faible et méprisé. D'autant qu'il ne se passe pas un jour, entre mars (c'est le nom du dieu de la Guerre, Mars !) et octobre sans qu'une bagarre sanglante se déclare entre deux villages ou entre un village et des envahisseurs.

Mes habitants ont le sang chaud – moi aussi (je tiens ça d'eux, sans doute). C'est pour ça qu'on a retrouvé des armes impressionnantes dans beaucoup de tombes très anciennes. D'accord, ce sont des tombes de riches, car seuls les plus opulents pouvaient être enterrés avec de tels trésors. Mais, pour que les armes soient le signe de la richesse, il faut que la guerre soit sacrément importante, à cette époque.

Allez, tenez-vous bien, j'accélère encore : des hommes qui se rassemblent ; des collines qui deviennent plus peuplées ; des relations qui s'établissent entre les groupes de cabanes : et moi ? Je n'existe pas tout à fait. Pas encore. Je suis en formation. Bizarrement – enfin, c'est moi qui trouve ça bizarre –, parmi les hameaux dispersés sur mes collines, aucun ne devient franchement supérieur aux autres. Même celui qui est très bien placé, avec plein de soldats très forts et très nombreux – non, même celui-là ne réussit pas à s'imposer et à devenir le village le plus important du Latium. Je suis un peu tous ces villages dispersés : il faut de tout pour faire une Rome !

Or, les habitants des hameaux ne se retrouvent que de loin en loin. Pour se différencier nettement les uns des autres, ils s'inventent des traditions, des rites, des habitudes qui leur sont spécifiques ; si bien que plus ils se rassemblent, moins ils se ressemblent.

Heureusement, pour les relier, il y a la guerre. À force de s'entraider et de taper sur « les autres » à coups de glaive, des clans se forment. Les « montagneux » (ceux qui habitent sur le haut des « monts », un nom un chouïa prétentieux pour désigner mes collines) finissent par se mélanger, s'allier... et donc se différencier des barbares de la plaine ! Bientôt, ils ne se contentent pas d'habiter côte à côte sur le Latium : ils deviennent de véritables Latins, avec des points communs de plus en plus nombreux.

Et le point commun le plus important chez les Latins, c'est évidemment de faire la fête ensemble...

2.
C'est la fête aux villages !

D'abord, les collines du bord du Tibre se peuplent de plus en plus, formant des villages. Ensuite, les villages se retrouvent et font la fête ! Et pas une petite fête de rien du tout, s'il vous plaît : une fête solennelle, une fête marquante. Tellement marquante que, des siècles plus tard, mes habitants continueront de la célébrer aux alentours du 11 décembre.

Cette fête, c'est celle du *Septimontium* (c'est-à-dire des « Sept Monts »). Elle réunit les hameaux de sept collines. Certains bougons disent que le nom était mal choisi : il y avait peut-être même huit collines. Hé, pourquoi pas ? Plus on est de fous, plus on rit.

Et le coin commençant à se peupler, il y a de plus en

plus de fous. Ils se connaissent probablement de vue ; ils ont ainsi l'occasion de se lâcher. Les chefs profitent de l'occasion pour nouer des alliances, militaires ou commerciales. Au programme : beuveries et ripailles à gogo, forcément ; mais, avant cela, cérémonies religieuses très solennelles, avec sacrifices dans les lieux les plus importants. Des marchands viennent voir. Certains artisans trouvent l'ambiance sympa et pratique. Ils s'installent.

Apprenant cela, bien des années plus tard, des historiens se sont dit : « Sept collines... Des habitants qui invoquent les mêmes dieux... Bon sang de bois, mais c'est évident ! Ça y est, Rome existe ! »

« Minute, papillons ! ont répondu d'autres spécialistes. Certains détails ne collent pas. D'abord, la ville ne sera pas construite exactement au même endroit que là où les premiers habitants se réunissent pour faire la fête ; et, surtout, il manque une caractéristique essentielle : le *pomœrium*, « la muraille ».

Qu'elle soit grande ou petite, haute ou basse, solide ou fragile, en pierre massive ou en caillasse, celle-ci est essentielle. Elle permet de délimiter la ville. En deçà, les vivants, les amis ; au-delà, les ennemis et les demeures des morts. Donc, pas de *pomœrium*, pas de ville. Par contre, s'il y a un *pomœrium*, il y a obligatoirement une ville.

Aussi, imaginez le coup au cœur des archéologues quand ils ont retrouvé, sur le mont Palatin, un petit tas de pierres qui semble être... une muraille datant d'environ 730 avant Jésus-Christ ! Là, ils ont pu se dire : « Voilà à quoi ressemblait Rome à ses débuts ! » Ils avaient sous les yeux la première trace de mon existence. Pas encore glamour, déjà émouvante. C'est tout moi.

Bon, d'accord, il me reste du chemin à parcourir avant de devenir une idole. Logique. Je ne suis pas née par un coup de baguette magique : il a d'abord fallu que des hommes investissent des terres vierges, puis qu'ils s'y installent, qu'ils se regroupent ensuite en villages, qu'ils y développent des activités variées, qu'ils y organisent une vie commune, avec un pouvoir officiel et un culte qu'ils partageaient tous. Alors, mon aventure est lancée pour de vrai.

Résultat : aujourd'hui, on sait – enfin, j'espère – que moi, Rome, j'ai dominé le monde pendant des siècles et des siècles. Mais, si on me compare avec le petit rogaton de ville qui s'élève au VIIIe siècle avant Jésus-Christ, il y a de quoi s'étonner. Quand même !

Tite-Live[1], lui, estime que non. Il n'y voit rien d'étonnant... Au contraire, il estime ça tout à fait normal : « Le destin exigeait sans aucun doute la fondation d'une grande cité et l'avènement de la plus grande puissance du monde après celle des dieux. » Et il ajoute à des raisons mythologiques (les dieux l'auraient voulu ainsi), des raisons géographiques : l'endroit où est bâtie la ville serait idéal, pratique, bien placé...

Cicéron[2] est d'accord : l'emplacement est merveilleux,

1. Tite-Live est un écrivain né au Ier siècle avant Jésus-Christ. Il est l'auteur d'une *Histoire de Rome*, où il « prouve » que je devais dominer le monde grâce à mes valeurs et à la bénédiction des dieux.

2. Cicéron est un homme politique et un écrivain important : on dit qu'il a été mon premier philosophe ! Il a vécu au Ier siècle avant Jésus-Christ.

affirme-t-il. Ce qui est flatteur, même s'il faut oublier quelques menus désagréments, comme les terribles marécages à moustiques qui m'environnent alors. Selon mes deux admirateurs, c'était *obligé* : il *devait* y avoir une ville juste là.

Pourtant, même si je n'aime pas dire du mal, le Latium, en ce temps-là, ce n'était peut-être pas aussi bien qu'on le prétend... Et deux opinions se sont longtemps affrontées. Chacune voulait prouver qu'elle détenait *la* vérité.

— Rome est située sur un fleuve où l'on transporte du sel, lançaient les uns. Or, le sel, à l'époque, c'est vital, notamment pour conserver les aliments. Donc, Rome est bien placée !

— Peut-être, mais le fleuve coule sur près de quatre cents kilomètres, rétorquaient les autres ; on aurait pu imaginer que la ville s'installât ailleurs !

— Sauf que Rome est près de la mer...

— Et Ficana, vous en faites quoi ? Cette cité était plus près de la mer que Rome !

— Sauf que Rome est construite sur des collines : c'était l'idéal pour se protéger des agresseurs et des crues du fleuve...

— Des collines, ce n'est pas ce qui manque, dans le coin !

— Sauf que, en bas des collines, il y a une grande plaine pratique pour s'y rencontrer et discuter entre habitants...

— Pas du tout : c'était un immonde marécage, et il a

fallu que la Ville se développe avant qu'elle ait les moyens de l'assécher et d'en faire son forum.

Comme on parle de moi, j'estime qu'il est temps que j'intervienne pour mettre les choses au point. Mes collines *ont* plein de qualités. Aucune d'entre elles n'est décisive ; mais, parce qu'elles sont toutes réunies, une grande cité a pu naître. Moi.

Mon emplacement permet de passer facilement d'une rive du fleuve à l'autre ; on y trouve à la fois un port pratique pour le commerce et des collines utiles pour se protéger ; on y est à la fois proche de la mer et pas trop loin de l'arrière-pays. Voilà qui explique « naturellement » ma naissance.

Les historiens rappellent néanmoins que tout ne s'explique pas « naturellement » : il faut aussi penser à la chance (et à la malchance !), aux relations entre les communautés, et au génie de certains hommes. C'est d'ailleurs sur cette idée que les Romains ont préféré s'appuyer pour raconter la naissance de la Ville en l'attribuant à un seul homme, mais quel homme : Romulus !

Même si, dans la réalité, je suis née après plus de sept siècles de gestation, il existe une légende qui raconte ma venue au monde à la mode de chez nous, c'est-à-dire plus simplement... et plus joliment. C'est cette histoire que je vais vous conter à présent.

3.

Une légende est née

Il était donc une deuxième fois une ville promise à la plus glorieuse destinée. Moi, toujours.

Longtemps avant ma naissance, une autre ville glorieuse est morte : Troie, brûlée par les Grecs vers 1180 avant Jésus-Christ. De cette cité en flammes, le prince Énée a réussi à s'enfuir, entraînant avec lui Anchise, son père, Ascagne, son fils, et quelques survivants. Ils errent sur la mer Méditerranée, s'arrêtant ici et là, avant de parvenir dans le Latium.

Ils y sont plutôt bien accueillis, puisque le roi du lieu, Latinus, leur propose de s'allier avec lui. Énée et ses hommes acceptent, et, pour marquer le coup, Latinus donne sa fille à leur chef. Énée épouse donc Lavinie et fonde une ville en son honneur. Pour le nom, il fait simple : Lavinium.

Après une grande bataille (qu'il a gagnée, évidemment), il meurt ; et sa femme prend le pouvoir en attendant qu'Ascagne soit en âge de régner.

Lavinie se débrouille comme une chef – au point que, au moment où le petit roi devenu grand veut récupérer sa couronne, il constate que la ville de Lavinium est très peuplée et très riche. Il préfère en laisser le gouvernement à sa mère, et part en fonder une autre, le long du mont Albain. Cette nouvelle cité s'appellera donc Albe-la-Longue.

Albe est un nouveau succès, qui permet à Ascagne de fonder une dynastie : son fils lui succède, puis le fils de son fils succède à son fils, le petit-fils de son fils au fils de son fils, et ainsi de suite pendant des siècles et des siècles. Mes habitants se sont efforcés de reconstituer toute la lignée de ces seigneurs.

Bien qu'ils soient sûrement imaginaires, certains personnages ont laissé des « traces » dans le paysage. Ainsi, l'un d'eux, Tibérinus, dixième descendant d'Énée, est mort noyé dans un fleuve qui s'appelait alors Albula, et qui, par la suite, s'appela... « le Tibre » (*Tiber*, en latin). Aventinus, son arrière-petit-fils, est enterré sur une colline qu'on connaît depuis sous le nom de « mont Aventin ». Progressivement, mon histoire – avec un grand ou un petit *h* – investit le paysage.

Mais soudain, patatras ! Un coup de tonnerre déchire mon ciel serein : un jour, Numitor et Amulius, les deux fils du roi Proca, s'entretuent. En réalité, c'est surtout Amulius qui s'en prend à Numitor. Il a un excellent motif pour le faire : comme il est le cadet, s'il ne se bouge pas, il ne sera jamais roi !

Donc, il chasse son frère, assassine ses neveux pour éviter qu'ils ne vengent leur père, et fait de Rhea Silvia, sa nièce, une prêtresse de Vesta[1]. En théorie, c'est un honneur : les vestales sont les gardiennes du feu sacré. Choisies parmi les jeunes filles de bonne famille, elles sont coiffées de six tresses et couvertes d'un voile blanc. Leur mission, qu'elles n'ont pas le choix d'accepter ou de refuser : entretenir ledit feu sacré, sous peine de graves représailles.

En « honorant » ainsi Rhea Silvia, Amulius trouve surtout un bon prétexte pour se débarrasser de la famille de Numitor. En effet, les vestales n'ont pas le droit d'avoir d'enfant. De la sorte, aucun petit-fils de Numitor ne viendra réclamer des comptes au roi pour les crimes qu'il a commis.

Par chance, rien ne se passe comme prévu : Rhea Silvia met au monde des jumeaux, Romulus et Remus. Ouf ! Sinon, mon histoire s'arrêterait là.

— Ce sont les fils du dieu Mars ! affirme Rhea, pas bête.

Vrai ou faux ? La question ne se pose pas, pour un Romain : c'est vrai, puisque la légende le dit ! Et Amulius sent passer le vent du boulet. Il s'inquiète, s'énerve et,

1. Vesta est la divinité du foyer.

comme il n'en est plus à une vilenie près, il ordonne qu'on emprisonne la vestale (plus tard, les vestales enceintes seront enterrées vivantes, ce sera plus sûr) et qu'on jette les jumeaux au Tibre. Quelques morts de plus, quelle importance, pourvu qu'il réussisse à se maintenir au pouvoir ! Deux bébés ne pèsent pas plus sur sa conscience qu'une plume sur la tête d'un pingouin.

Au point qu'il ne daigne même pas se déplacer : il laisse à ses serviteurs le soin d'exécuter seuls cette basse besogne. Les envoyés très spéciaux du roi balancent donc le panier contenant les enfants près du bord du fleuve : ils ne vont quand même pas barboter dans cette étendue d'eau sale pour mettre le berceau au milieu du Tibre !

Eh bien, ils auraient dû, les naïfs. Car ce qu'ils ont pris pour les eaux du fleuve est une grande flaque laissée par le Tibre qui vient de déborder. Résultat : le panier n'est pas emporté par le courant ! Chance extraordinaire ? Miracle, plutôt : « Le destin exigeait sans doute la fondation d'une grande cité et l'avènement de la plus grande puissance du monde après celle des dieux », commente Tite-Live, on l'a vu. En clair : l'histoire semble invraisemblable ? C'est le signe que les dieux ne sont pas pour rien dans ma fondation. En sauvant ces fils de dieu, le « destin » m'a permis d'exister : l'un des jumeaux allait fonder la ville sacrée qui dominerait le monde !

Je sais, je m'emballe, mais il y a de quoi...

Oh, tout n'a pas été simple. L'affaire était mal partie : non seulement les bébés sont abandonnés sur une étendue d'eau croupie où devaient pulluler microbes et moustiques, mais, en plus, très vite, une louve se dirige vers eux. Elle est un peu surprise : elle venait juste pour se désaltérer, et voilà qu'elle trouve des marmots en train de brailler.

A priori, elle n'a que deux solutions : croquer dans cette chair fraîche et tendre, ou les dédaigner. Elle en invente une troisième : en plus de les laisser vivre, elle va sauver les enfants en les allaitant et en s'occupant d'eux comme s'ils avaient été ses propres louveteaux. Si elle avait été de mauvaise humeur, je n'aurais jamais existé !

Malgré ses réelles qualités de nounou, la louve est bientôt remplacée par Faustulus, un berger, et sa femme. Des humains, c'est quand même mieux pour élever des petits d'homme.

Romulus et Remus n'ont pas à se plaindre. Ce sont les condamnés à mort les plus chanceux du monde ! Ils grandissent et deviennent de superbes jeunes gens si grands et si costauds que, des siècles plus tard, on raconte encore leurs exploits, des trémolos dans la voix. Ah, qu'ils étaient musclés : ils chassaient les lions à main nue (pas mal) ! Ah, qu'ils étaient courageux : ils attaquaient les brigands (utile) et répartissaient le butin entre les paysans du coin (très sport) !

Forcément, les admirateurs se pressent autour de ces beaux et puissants gaillards à qui tout réussit ; aussi traînent-ils bientôt avec eux une bande de nombreux jouvenceaux qui leur sont dévoués corps et âme. Cette bande ne sera pas de trop quand les ennuis des jumeaux vont commencer...

4.

Pas de pitié pour la famille !

Les jours de Romulus et Remus sont en danger : les brigands qu'ils ont dévalisés n'ont pas apprécié qu'on leur vole ce qu'eux-mêmes avaient volé. Ils mijotent donc un sale coup pour se venger. Ils ont une bonne idée : livrer au roi les jumeaux et leurs amis, en les accusant... d'être des brigands. Malin, non ? D'autant que ces habitués des coups fourrés attendent le moment propice pour mettre leur plan à exécution...

Or, la fête de Pan Lycaeus approche. Ça tombe bien : lorsqu'ils la célèbrent, les paysans du coin ne pensent pas à autre chose. Il faut dire que le programme est chargé : on sacrifie un bouc devant l'assistance, puis on jette son sang au front de deux jeunes gens nus ; ensuite, on se purifie en s'aspergeant de lait et en faisant la course dévêtus ; enfin, pour terminer en beauté, on fouette les femmes qui veulent être mères dans les mois qui viennent. C'est pile au milieu de ces réjouissances symboliques que les brigands choisissent de frapper.

Tout le monde est occupé, si bien que les malfrats bénéficient d'un effet de surprise efficace. Las ! à l'arrivée, leur attaque n'est qu'un demi-succès : Romulus leur échappe, tandis qu'ils réussissent à coincer Remus. Mais surtout : les bandits viennent de signer l'arrêt de mort du roi. En effet, Faustulus, le père adoptif des jumeaux, *sentait* que ces enfants qu'il avait récupérés dans le repaire d'une louve n'étaient pas comme les autres. Il savait que le roi avait abandonné peu avant deux nouveau-nés, et, futé, il avait fait le rapprochement avec sa trouvaille. Inquiet pour Remus, il révèle à Romulus en cavale le secret de sa naissance. Celui-ci est pris de fureur contre le roi, Amulius, leur grand-oncle. Ce dernier a voulu les tuer alors qu'ils étaient de pauvres bouts de chou sans défense ? Il ne perd rien pour attendre, le scélérat !

D'ailleurs, il n'attendra pas longtemps.

Romulus se dirige vers le palais avec ses amis et les bergers qu'il a aidés jadis. Pendant ce temps, Remus est parvenu à se libérer, et il a attaqué le palais avec leur grand-père et les fidèles de son frère aîné. Ensemble, les jumeaux tuent le roi et rendent le pouvoir à celui qui aurait dû en hériter : Numitor. Puis ils décident de fonder une ville. Une ville à eux. Une ville pour eux.

Seulement, *une* ville, cela demande *un* chef. Or, ni

Romulus, ni Remus ne sont prêts à céder leur place... pas plus qu'à se partager le pouvoir ! En général, en cas de litige, la couronne revient au plus âgé. Comme ils sont jumeaux, il faut trouver autre chose pour départager les deux candidats. Seule solution disponible : s'en remettre aux dieux.

Pour cela, les deux frères choisissent chacun une colline. Remus se poste sur les hauteurs de l'Aventin ; Romulus sur les hauteurs du Palatin. Et, plantés là, ils attendent un signe.

— Victoire ! crie soudain Remus. J'ai vu six vautours ! C'est moi que les dieux veulent pour chef !

— Désolé, rétorque aussitôt Romulus. Moi, j'ai vu DOUZE vautours ; alors reste modeste, s'il te plaît, c'est moi que les dieux ont désigné pour commander.

— Peut-être que tu as vu DOUZE vautours, mais j'ai vu les miens AVANT toi, reprend son jumeau ; donc c'est moi le chef !

— Non, c'est MOI ! tranche Romulus d'un ton sans réplique.

— C'est moi : les miens étaient plus GROS !

— Même pas VRAI !

Comme souvent en famille, quand on n'est pas d'accord, les frères arrêtent de parler et se mettent à se CRIER dessus. Les partisans de Remus s'énervent ; les partisans de Romulus s'échauffent. Tous sont persuadés que leur idole a été désignée par les dieux au détriment de l'autre. On s'interpelle ; on s'invective ; on s'insulte ; on en vient aux mains ; on dégaine les glaives d'un air bravache ; et, nul ne se laissant intimider, on finit par s'entretuer. Logique.

Une fois de plus, Remus n'a pas de chance : c'est lui qui avait été capturé par les brigands ; c'est lui qui est assassiné par ses ex-amis. Certains disent même que Romulus en personne s'est chargé d'égorger son frère. Il venait de tracer un fossé pour marquer la naissance de *sa* ville ; et Remus n'avait rien trouvé de mieux à faire que de le franchir. C'est pire qu'une provocation : c'est un sacrilège, et un sacrilège ne doit ni ne peut rester impuni. Romulus a donc fait son devoir en lavant cet outrage dans le sang. Tant mieux si cela lui a aussi permis de prendre le pouvoir.

En un rien de temps, Romulus a quand même tué deux proches pour arriver à ses fins : me gouverner. On peut trouver ça choquant ou enthousiasmant. Quelle volonté ! Quelle audace ! Le gaillard ne recule devant rien. Et le résultat est là : une nouvelle ville – moi – est née ; cette ville a un chef déterminé, courageux, puissant ; et ce chef, c'est Romulus. Quiconque y trouverait à redire risquerait la mort. Vous êtes prévenus !

5.

Jeux de Romains, jeux de vilains

Créer une ville, c'est bien. Mais il faut très vite demander aux dieux de la bénir. La règle est stricte : pas de fondation sans hommage aux dieux. À l'époque, tous les actes importants s'accompagnent d'une prière et d'une cérémonie. On a pu dire que les dieux et les hommes entretenaient alors des « relations diplomatiques », comme aujourd'hui deux États qui veulent éviter de se taper dessus. Romulus ne perd donc pas de temps : d'un côté, il me construit (il élève des murailles sur le Palatin) ; de l'autre, il rend hommage aux dieux (il leur offre des sacrifices). Les deux sont essentiels.

Après quoi, il constate qu'il y a un petit problème : mes

premiers habitants sont très différents les uns des autres. Il faut trouver quelque chose pour les unir.

Romulus impose donc des lois, les mêmes pour tous ; et il s'entoure d'une Cour de douze conseillers en prenant modèle sur les Étrusques, un peuple très influent dans la région depuis le VIIIe siècle avant Jésus-Christ. Un bon gouvernement, rien de tel pour organiser une cité ! Puis il se dit que, s'il veut asseoir son pouvoir, ce serait intelligent de peupler l'endroit, vu que, les guerres étant archifréquentes, mieux vaut avoir trop de bras que pas assez.

Mon fondateur lance alors un grand appel aux malheureux et hors-la-loi : esclaves fuyant leurs maîtres, prisonniers échappés de leurs geôles, bandits poursuivis par leurs victimes ou les sbires de leurs ennemis, tous peuvent se réfugier dans un lieu d'asile où ils ne seront pas inquiétés par la justice. Les exclus affluent, et Romulus en profite pour renforcer son organisation : il choisit les chefs des cent premières familles qui se sont installées ici ; et il les nomme « Pères » de la Ville. Le peuple romain est ainsi divisé entre puissants et misérables (ce qui finira par énerver ces derniers...).

Pour le moment, Romulus doit faire face à un nouveau souci : il a résolu son problème de population à court terme – d'accord, il y a plein de gens entre mes murs – mais, parmi les Romains, il y a très peu de Romaines. Qu'à cela ne tienne ! Romulus propose aux autres cités de s'allier avec lui, en mariant ses concitoyens à leurs jeunes filles. Il se fait poliment éconduire : Rome a trop mauvaise réputation !

— Vous voudriez que nous laissions nos filles épouser les gredins patibulaires que vous avez rassemblés ? s'exclame l'ambassadeur d'une ville voisine. Jamais de la vie !

« Il ne faut jamais dire "jamais", imbécile... », songe Romulus.

Cependant, il tient sa langue. Rusé comme un dirigeant expérimenté, il décide de manger son chapeau en attendant de venger l'affront. Il sait que la vengeance est comme une pâte à crêpe : meilleure quand on l'a laissée reposer un peu. Aussi, plutôt que de régler son compte à l'insolent sur-le-champ, prend-il la peine d'organiser des jeux somptueux en l'honneur du dieu Neptune. Pour les célébrer, il invite à la fête les habitants de Caenina, de Crustumérie, d'Antemnes, ainsi que le peuple sabin.

Coup d'essai, coup de maître : les convives foncent tête baissée dans le piège que leur tendent Romulus et les siens. Ils débarquent à mes portes avec femmes et enfants, tout excités à l'idée de voir pour la première fois cette étrange cité bâtie tout près de chez eux.

Ils ne sont pas déçus du voyage : mes murailles sont plus épaisses qu'ils ne le pensaient ; je suis plus grande qu'ils ne l'imaginaient ; mes habitants sont plus nombreux qu'ils ne le supposaient.

Cependant, les visiteurs ne sont pas au bout de leurs surprises : on les accueille avec le sourire, on les installe comme il faut pour voir les jeux... quand, soudain, alors que le spectacle vient de commencer, les gredins dégringolent des gradins. Ils s'emparent des jeunes filles présentes (Denys d'Halicarnasse[1] estime le nombre de ces mignonnes à... 683, pas une de plus ou de moins !). Les plus belles sont réservées à mes « pères », évidemment ; les moches sont laissées aux bons soins des Romains de base.

Choc et consternation : mes citadins ont violé et le code de l'honneur... et les filles de leurs invités ! Ils ont menti. Ils ont trahi la confiance de leurs voisins. Comme la vengeance appelle la vengeance, les peuples outragés préparent leur riposte. Ils vont laver l'affront pendable que Romulus et les siens leur ont fait. Dans le sang, de préférence.

Les habitants de Caenina tirent les premiers. Ils m'envahissent... et sont battus à plate couture. Romulus en personne défie leur roi et le tue, comme il avait tué Remus. Puis il s'empare de son cadavre et de ses armes, et il les dépose au pied d'un chêne, où il décide qu'un temple à Jupiter Fétrérien[2] sera bâti. Car on ne peut pas sauver la patrie sans rendre hommage aux dieux : ce sont eux qui ont accordé cette victoire ! Les « relations diplomatiques » continuent.

C'est même grâce aux dieux que les liens physiques entre les Romains et leur cité sont scellés : désormais, un temple sera bâti *dans* la Ville ; désormais, je suis liée aux dieux dans ma chair même...

---

1. Denys d'Halicarnasse est un écrivain grec du Ier siècle avant Jésus-Christ. Il a immigré dans mes murs, où il a écrit (en grec) des *Antiquités romaines*. Dans ces textes, il raconte mon histoire depuis ses origines jusqu'aux guerres puniques. Il défend l'idée qu'il existe un lien entre le peuple grec et le mien. Selon lui, ma splendeur est le prolongement de l'âge d'or grec.

2. Jupiter est le dieu romain le plus important. On le vénère sous trois noms latins : Stator (celui qui arrête), Elicius (celui qui foudroie) et Fetrerius (celui qui frappe).

Pour autant, les ennuis ne sont pas terminés : il faut encore mater les habitants d'Antemnes et de Crustumérie. Eux aussi très énervés d'avoir été bernés. Mon armée parvient aisément à les calmer. Alors, Romulus décide de profiter au maximum de sa victoire. Au lieu de détruire les villes ennemies, il fait pire : il les annexe, c'est-à-dire qu'il les intègre à mon territoire ; il en fait une partie de moi. Ce qui ne manque pas de réjouir les jeunes filles enlevées, originaires de ces cités.

Après ces victoires, tous mes ennemis semblent défaits. Tous ? Non. Un peuple en veut encore et toujours aux kidnappeurs : les Sabins. Ils sont très, très en colère, et ils brûlent d'en découdre, glaive au clair.

La paix n'est pas pour tout de suite.

6. Chasse à Rome

Alerte et scandale ! Le calme est à peine revenu dans mes murs que les troupes sabines réussissent à lancer la chasse à Rome... et à pénétrer dans mon enceinte. C'est Tarpeia, une prêtresse traîtresse, qui leur ouvre la porte pour les aider à récupérer leurs femmes.

Profitant de l'effet de surprise, les Sabins gagnent les collines. Ils sont forts. Nombreux. Décidés. Leurs objectifs : d'une part, mettre au pas cette ville ; d'autre part, venger leur honneur bafoué et les jeunes filles enlevées.

L'assaut est rondement mené, et les envahisseurs m'envahissent ! Non seulement ils ont bien préparé leur opération ; mais, en plus, quand les Romains contre-attaquent, ils sont repoussés avec tant de rage qu'ils s'enfuient, épouvantés.

— C'est plus difficile de se battre en hommes que d'enlever des jeunes filles, hein ? ricanent les Sabins.

Romulus essaye d'arrêter la débandade. Las, ses soldats, trop occupés à se cacher, ne l'écoutent pas. Alors, il va invoquer Jupiter (toujours les bonnes relations diplomatiques !). Puis, dès qu'il s'est concilié les dieux, le jeune chef rameute les derniers loups qui lui sont restés fidèles. Portés par Jupiter, les guerriers audacieux repartent au combat et réussissent à mettre en danger le général sabin. Ce retournement inattendu redonne du cœur au ventre à mes défenseurs, qui en avaient besoin. Ceux qui avaient fui reviennent sur le champ de bataille et reprennent la lutte. Laquelle s'équilibre.

Des cris s'élèvent ; des corps s'effondrent ; les glaives rougissent. Sur le sol, des flaques de sang. Çà et là, des blessés qui gémissent. La rage, la fatigue et la douleur déforment les visages des ennemis. Et voilà qu'il se passe quelque chose d'absolument incroyable : un groupe de femmes fond sur les adversaires, cheveux au vent, les empêchant de se battre !

Ces femmes, ce sont les Sabines enlevées par les Romains : elles ne veulent pas que leur tout nouveau mari soit obligé de tuer leur vieux père (ou leur petit frère), ni que leur vieux père (ou leur petit frère) tue leur tout nouveau mari. Les soldats s'arrêtent, décontenancés. Cet intermède n'était pas prévu au programme ! Les chefs se rencontrent. Consultent leurs stratèges. Négocient. La paix se signe, les cités fusionnent... Et, hop ! voilà le problème réglé et ma survie assurée.

À un GROS détail près.

J'ai grandi. Je ne suis plus un bébé. Donc, on ne peut plus me gouverner comme avant. Il faut réorganiser mon territoire et mes habitants.

Mes habitants sont donc répartis en trois « tribus », représentant les trois types de Romains, selon leur origine : les Étrusques, les Sabins, et les Latins. Ainsi, ils seront mieux encadrés. Pour renforcer l'alliance avec ses adversaires et éviter de nouvelles guerres, Romulus accepte de partager le pouvoir avec le roi sabin... jusqu'à ce que celui-ci soit assassiné.

Ce meurtre est une bonne nouvelle pour Romulus, qui ne fait même pas semblant d'être abattu. Il n'a pas envie de perdre son temps à pleurnicher : selon Tite-Live, il montre « moins de douleur qu'il n'en convenait ». En clair : il est ravi. Et peut-être pas cent pour cent innocent ; mais bon, je n'ai pas plus de preuves que ça...

De toute façon, il paraît que « qui a vécu en tuant périra tué ». Apparemment, c'est parfois vrai : les jours de mon fondateur sont comptés. Lors d'un orage, il disparaît derrière un nuage... et ne reparaît plus.

— Il est monté au ciel, disent les uns. C'est un dieu !

— Il a été assassiné par les Pères de Rome, qui voulaient prendre le pouvoir ! affirment les autres.

Je vais vous décevoir mais, bon, dans la légende de ma fondation, les techniques policières étaient moins perfectionnées qu'aujourd'hui. Pas d'agents pour relever des empreintes ADN qui les mèneraient droit vers le coupable éventuel. Non, dans cette histoire-là, les mystères sont plus difficiles à trancher que les têtes. On n'a donc jamais su si Romulus avait été élevé au rang de dieu, ou s'il s'était tout simplement fait raccourcir. Désolée.

Tentant d'étouffer les rumeurs, un Romain affirme que Romulus est venu le voir et lui a expliqué sa mission :

— Annonce aux Romains que la volonté du ciel est de faire de *ma* Rome la capitale du monde. Qu'ils pratiquent donc l'art militaire ; qu'ils sachent et qu'ils apprennent à leurs enfants que nulle puissance humaine ne peut résister aux armes romaines.

Et, toc !

Pour résumer, quand Romulus disparaît, je ne suis pas mal partie du tout. Ma superficie s'est agrandie ; mon peuple s'est développé ; j'ai une histoire liée aux dieux ; et voilà, à présent, que j'ai aussi la mission de soumettre le monde. Que me faut-il de plus ?

Un chef, bien sûr !

7.

L'homme au style hostile

Après la disparition de Romulus, ma vie se complique. Mes habitants ne savent pas très bien qui me gouverne. En effet, pour ne fâcher personne, les Pères ont décidé qu'ils seraient tous rois tour à tour, cinq jours chacun. Mais les Romains protestent :

— On a cent maîtres au lieu d'avoir un seul roi !

Finalement, Numa Pompilius réussit à s'imposer comme roi unique et permanent, grâce à sa bonne réputation et... à ses relations. Eh oui, Numa n'est pas lié à n'importe qui. Il affirme être directement connecté à la déesse Égérie, qui lui inspire ses décisions. Dès lors, plus moyen de s'opposer à lui : c'est quand même une déesse qui parle par sa bouche !

Nous avons gardé une trace de cet épisode : encore de nos jours, on appelle « égérie » la conseillère secrète d'un homme politique ou l'inspiratrice d'un artiste.

Quand il arrive au pouvoir, Numa a conscience de mon caractère sacré… et de mon sacré caractère ! Je ne suis pas une ville comme une autre. Je suis bénie des dieux : je dois donc leur rendre hommage, et mes habitants avec moi. C'est pourquoi le roi définit prioritairement la date des fêtes religieuses et la manière dont seront loués les différents dieux. Il fait aussi construire des temples. Les bonnes relations diplomatiques sont essentielles ! Après quoi, il édicte des lois pour organiser le reste de la vie – car, non, il n'y a pas que la religion qui compte…

Numa s'attache ainsi à diviser mes habitants selon leurs métiers. Plutarque[1] les énumère : il y avait à l'époque de nombreux « musiciens, orfèvres, charpentiers, teinturiers, cordonniers, tanneurs, forgerons et potiers ». Bref, Numa, le premier « vrai » roi après Romulus, consolide la ville dont il a hérité.

C'est Tullus Hostilius qui lui succède, et il a d'autres ambitions. Car Tullus, lui, est un soldat. Son nom est significatif : *Hostilius*, qui vient de *hostilis* (terme qui désigne « l'ennemi »), a donné « hostile » en français. Et que veut dire *hostile* ? « Qui manifeste de l'agressivité. » C'est exactement ça : Tullus est quelqu'un qui manifeste de l'agressivité.

Beaucoup d'agressivité.

1. Plutarque est un écrivain du Ier et du IIe siècle après Jésus-Christ. Il est notamment l'auteur de biographies, où il compare les grands personnages grecs et romains.

Par conséquent, à ses yeux, mon principal ennemi, c'est la paix. Quand un peuple est en paix, il devient mou, pense le roi ; et Tullus n'aime pas les mous. À peine accède-t-il au pouvoir qu'il trouve un prétexte pour déclarer la guerre à Albe.

— Les dieux m'ordonnent de combattre ces chiens d'Albains ! affirme-t-il.

Et comme c'est une déesse qui parle par sa bouche, les Romains courent sus aux chiens.

Hélas ! pour Tullus, les Albains ont de la ressource. Ils bravent le roi et s'installent près de mes portes, prêts à attaquer. Mais là, pas de chance pour les « chiens » : le chef de leur meute meurt.

— Ha-ha-ha ! leur lance Tullus en ricanant. Les dieux sont contre vous : bientôt, ils vous feront mourir comme ils ont tué votre général.

Encouragé par ce coup du sort, il tente de prendre les Albains à rebours.

C'est alors que l'adversaire lui propose une astuce pour éviter que les deux armées ne s'étripent jusqu'au dernier soldat. Son idée : opposer trois guerriers romains, les frères Horaces, à trois guerriers albains, les frères Curiaces. Si le dernier survivant est un Curiace, Albe aura gagné la guerre ; si c'est un Horace, la victoire me sera attribuée.

Aussitôt proposé, presque aussitôt accepté ; et voilà nos six gaillards qui se dirigent vers le lieu décisif, tous muscles roulant. Le suspense est à son paroxysme. Chacun retient son souffle. Les combattants s'observent. S'échauffent. Tentent de s'intimider. Et le signal est donné.

8.

À l'assaut !

Au début, le combat entre les Horaces et les Curiaces est très joli. On porte des coups puissants ; on les pare d'un glaive ou d'un bouclier habile ; on tente d'autres bottes, que l'adversaire déjoue à son tour : rien à redire, ce sont des pros qui se font face. Pourtant, peu à peu, la fatigue s'installe ; la vigilance décroît ; des coups portent ; du sang jaillit ; le fer lacère les chairs ; un Horace s'écroule. Mort. Puis un deuxième s'effondre. Tué.

L'armée romaine est atterrée ; les Albains mènent deux à zéro. Ils exultent. Ils ont tort. Il ne faut pas vendre la peau de Rome avant d'avoir rasé la Ville, c'est bien connu.

Pourtant, sur le moment, personne ne donne cher de ma survie. Le dernier Horace en lice est esseulé contre trois redoutables guerriers fatigués mais survoltés par la proximité de la victoire. La seule solution qui s'offre à lui : se servir de ses méninges, cogiter et être plus malin que ces trois brutes épaisses et redoutables.

Les frères Curiaces ne se doutent de rien. Ils se demandent juste lequel d'entre eux aura l'honneur de planter son glaive le premier dans le corps de mon dernier défenseur.

En clair, tout semble perdu. Plus aucun Romain n'y croit. Et soudain, le pire arrive. Plus grave que la défaite : l'humiliation. Au beau milieu du combat, l'Horace survivant – mon ultime espoir – se met à sprinter. Il fuit. Les Curiaces se précipitent vers le lâche.

Sauf que le Romain rescapé n'est ni un couard, ni un traître, ni un poltron. Juste un finaud. Il a anticipé : ses adversaires ne l'ont pas poursuivi à la même vitesse ; quelques dizaines de mètres plus loin, il va donc pouvoir les affronter à tour de rôle, et non les trois à la fois. L'avantage numérique des Curiaces est anéanti.

Dès que mon héros voit qu'ils sont suffisamment espacés, il fait demi-tour, et paf ! il saute sur l'Albain à sa portée et le tue. Extraordinaire ! Formidable ! Imaginez les hurlements dans les rangs romains ! L'espoir est en train de changer de camp.

Cependant, les Curiaces mènent encore deux morts à un ; Horace n'en a cure. Le moral gonflé à bloc, il se sent pousser des ailes. Il a la rage d'avoir vu tomber ses deux frères. La rage de me savoir, moi, sa patrie, en danger. La rage de vaincre. Et de vivre. L'heure de la vengeance a sonné. Elle va être terrible.

Il arrache son épée du corps du premier Curiace. Il la pointe sur le suivant, encore stupéfait de ce qui vient de se passer. Il frappe, feinte, trouve la faille et lui en assène aussitôt un coup mortel. Le Curiace titube. S'écroule. Les Romains explosent de joie. Égalisation ! Deux morts partout ! Le match est complètement relancé.

Mais il reste le plus dur à faire : éliminer le dernier Curiace. Concrétiser cette remontée incroyable. Horace est confiant. Il s'écrie :

— Les deux autres, je les ai occis pour mes frères ! Celui-ci, je vais l'occire pour Rome...

Et, sans plus attendre, il se jette sur le Curiace restant. De combat, il n'y a presque pas : blessé, éreinté, choqué par ce rebondissement, l'Albain est à peine capable de se tenir debout. Irrésistible, impitoyable, Horace lui plante son épée dans la gorge. Et il signe sa victoire dans une terrifiante gerbe de sang. On imagine l'accueil que lui ont réservé les soldats, après qu'ils ont cru que j'étais perdue !

Cette victoire est l'un des rares événements relatés à propos du règne de Tullus Hostilius ; mais c'est un événement d'une importance considérable : il me permet de soumettre Albe, donc d'agrandir et mon territoire et mon armée. Grâce à une guerre miniature, je continue de m'étendre...

Et ce n'est évidemment pas fini. Tullus Hostilius n'a pas l'intention de s'arrêter là : maintenant qu'il a plein de soldats, il va pouvoir faire plein de guerres et de conquêtes !

Une précision quand même : pas si facile d'être un superhéros. Lors du retour d'Horace dans la ville, une Romaine l'insulte, car l'un des Curiaces était son fiancé. Pas de chance. Encore moins de chance : Horace l'assassine, choqué non par les insultes que la femme lui lance, mais par son manque de patriotisme. On arrête le héros. On le juge. On le condamne. Puis on le sauve *in extremis*. C'est son père qui fait pencher la balance en sa faveur en rappelant aux Romains que cet infâme assassin, que ce tueur sanguinaire, que ce sans-cœur au glaive rougi est quand même leur sauveur.

La victoire des Horaces, en fin de compte, est surtout un grand moment de sport ; pour le reste, elle n'a pas grand effet. La paix avec Albe ne dure pas. Tullus Hostilius passe donc son règne à se battre contre une ville qu'il n'a pas réussi à soumettre, malgré la victoire d'Horace ! Le pire, c'est qu'il se battra même tellement qu'il en oubliera de rendre hommage aux dieux. Et ça, chez moi, ça ne pardonne pas. Après trente-deux années de bons et belliqueux services, le roi voit son armée décimée par une étrange maladie. Un fléau venu du ciel.

Il se souvient alors des alliés de jadis et de l'importance des bonnes relations diplomatiques. Il appelle les dieux à la rescousse ; mais il ne prie pas dans les règles. Il est donc puni : il meurt foudroyé, et sa maison est brûlée.

Les Romains en profitent pour changer de type de souverain : après un roi guerrier, agressif, ils préfèrent revenir à un roi plus religieux. C'est le petit-fils de Numa qui va, à son tour, régner sur mes murs sous l'œil vigilant de dieux qui savent châtier même ceux qu'ils ont aimés...

9.

Du nouveau avec l'Ancien

Mon nouveau roi s'appelle Ancus Martius. C'est le troisième monarque sabin ; et, dès le début de son règne, il veut rétablir l'importance de la religion. Les cités voisines qui lorgnent sur moi concluent : « Un roi qui place la religion en premier ? Il ne nous attaquera jamais, profitons-en ! » Et, ni une ni deux, elles rompent les traités de paix et élargissent leur territoire. Mal vu.

Ancus, c'est un mélange de Numa le pieux et de Tullus le guerrier. Quand on viole mon territoire, il riposte. Avec les dieux de son côté, il ne craint rien. La preuve ? Le combat qui l'oppose aux insolents est bref, sa victoire totale, la sanction immédiate : les habitants des villes défaites sont déplacés. Des Romains viennent s'installer dans leurs maisons. Et moi, je continue ainsi de grandir !

Ancus a montré qu'il ne se laisserait pas faire. Il est religieux, mais pas faible ; doux, mais prêt à prendre les armes. Ça impressionne. Et ça calme. Désormais, il peut régner en paix et penser à me consolider. Pour cela, il s'attaque à un problème essentiel : comment m'approvisionner ? Eh oui, quand on grandit, il faut penser à se nourrir !

D'après la légende, c'est Ancus qui trouve l'astuce pour améliorer mon ravitaillement : il imagine de créer un port à l'embouchure du Tibre, Ostie. Il réussit à mener à bien son projet.

C'est alors qu'apparaît un curieux personnage. Lucumon – c'est son nom – est étrusque. Et, surtout, il est très, très riche. Il vient s'installer dans mes murs car il a flairé la bonne affaire : je suis jeune et, si on a du talent, de l'argent et de la volonté, il y a des opportunités à saisir. Besoin d'un signe ? Le jour où Lucumon arrive à Rome, un aigle fond sur lui, lui enlève son chapeau... et le lui remet correctement. Le sens de l'incident est très clair (mais si !).

— La partie la plus élevée de ton corps a été désignée par le présage, explique Tanaquil, sa femme, à Lucumon. L'aigle a enlevé un couvre-chef de la tête d'un homme, et il l'a replacé par ordre d'un dieu.

Bref, Lucumon est destiné à être ma tête, donc à succéder à Ancus. Encore faut-il qu'il y travaille...

Encouragé par ce miracle, le nouveau venu s'achète une grande maison et s'invente un nom latin : Lucius (ça ressemble à Lucumon) Tarquin (il vient de Tarquinies) l'Ancien (il y aura plus tard un Tarquin le Superbe ; il ne peut pas le savoir, mais ceux qui racontent la légende, si !). Il est sympa avec tout le monde, fait des discours pour plaire au peuple, et, le jour J, il est élu haut la main.

L'aigle au chapeau avait raison.

10.

Place aux jeunes !

Tarquin l'Ancien ne s'ennuie pas pendant son règne ! Il mène trois grandes guerres : une contre les Latins, une contre les Sabins, une contre les Étrusques. Pour cela, il rénove l'armée en augmentant le nombre de cavaliers et instaure un culte à Vulcain. Comment rend-on hommage à ce dieu du Feu ? C'est simple : on brûle les armes de l'adversaire après la bataille.

Tarquin aménage aussi la ville : le Forum[1] cesse d'être un immonde marais pour devenir un lieu tout à fait fréquentable. On arrête d'y enterrer les morts ; on peut désormais marcher sans s'y embourber… et même y habi-

1. On appelle *forums* les places publiques à Rome, et *Forum* la plus grande d'entre elles.

ter ! Cela montre que j'ai encore grandi : au début, je n'existais que sur les hauteurs ; à présent, je descends le long des monts.

Pour assécher la plaine, Tarquin l'Ancien détourne le Vélabre, un cours d'eau qui l'inondait régulièrement. Et il fait d'un cours d'eau deux coups : et d'un, le Vélabre est canalisé – ce qui rend la plaine plus utilisable – ; et de deux, Tarquin s'en sert pour mon système de canalisation. Ce système, c'est la *Cloaca Maxima*, c'est-à-dire « le Grand Égout »[1].

Comme il n'aime pas rester sans rien faire, le roi bâtit aussi des temples, notamment un très grand édifice en l'honneur de Jupiter Capitolin ; il commence à m'entourer d'une muraille de pierre (mais les guerres l'empêcheront de mener son projet jusqu'à son terme) ; et il lance la construction du *Circus Maximus*, qui, quelques siècles plus tard, atteindra des dimensions impressionnantes : plus de six cent vingt mètres de long sur deux cents de large, et une capacité de trois cent mille spectateurs !

C'est alors qu'un prodige s'accomplit dans sa demeure : un enfant d'esclave, nommé Servius Tullius, dort dans le palais, quand, soudain, sa tête s'entoure de flammes. Les serviteurs veulent courir chercher de l'eau. Tanaquil, la reine, les arrête. Dans les flammes, elle lit un signe – les signes, c'est un peu sa spécialité. Effectivement, le feu s'éteint de lui-même, et l'enfant se réveille sans avoir souffert. Le roi a compris le présage : cet enfant est sacré. Il

1. Aujourd'hui encore, *cloaque* est synonyme d'« égout ».

l'élèvera avec amour, et il en fera son bras droit (à l'époque, les princes n'héritaient pas à tous les coups de la couronne royale).

Oui, mais voilà : les fils de Tarquin l'Ancien, eux, ne l'entendent pas de cette oreille. Un étranger va leur chiper le titre de roi dont ils s'imaginaient déjà parés ? Ils ne le supportent pas. Fous furieux, ils complotent et assassinent leur père, dans l'espoir de lui succéder à ma tête.

Pas de chance pour eux ! Malgré cette accélération des événements, c'est Servius qui réussit à devenir le nouveau roi. Et il ne se contente pas de faire de la figuration : il organise ses sujets selon leur fortune et leur clan. Encore une preuve que je n'arrête pas de grandir : désormais, mes habitants sont trop nombreux pour qu'on les distingue individuellement ; on les définit donc par leur classe sociale, c'est-à-dire leur centurie ou leur tribu. Avec ce nouveau système, plus ils sont riches, plus ils payent d'impôts. Grands seigneurs, ils ne se révoltent pas, car, en contrepartie, seuls ceux qui payent beaucoup d'impôts ont le droit de vote.

Pour mieux administrer et contrôler la population, Servius veut savoir précisément combien ils sont. Tout le monde est donc prié de se faire recenser ; et, comme c'est pénible, le roi motive ses sujets en menaçant de mort ceux qui tenteraient de passer à travers les mailles du filet ! Malheureusement, les résultats ont disparu – et moi, je les ai oubliés. Certains affirment que j'avais plusieurs dizaines de milliers d'habitants ; d'autres, flatteurs, parlent de plusieurs centaines de milliers... Les chiffres restent flous !

La légende

Servius ne fait pas que compter : comme Tarquin, il bâtit aussi quelques temples. Par contre, il ne mène aucune guerre d'envergure. Pas son style. Or, Tullia, sa fille, espère bien être reine de Rome. Et vite. (Sans me vanter, quand on a une telle chance à portée de la main, on s'y accroche, ça se comprend.) Alors, elle pousse son mari à agir. Elle lui montre l'apparente mollesse du roi qui vieillit. Et le gendre de Tarquin l'Ancien finit par fomenter un coup d'État très audacieux contre son beau-père. Très audacieux et très original.

Un jour, il s'installe sur le trône, au milieu du Forum, et convoque les Pères pour qu'ils l'acclament roi. Stupéfait par cette audace, Servius arrive sur place ; mais il a beau être courageux, il est âgé. Le peuple, sidéré, comprend que le trône va se jouer en combat singulier. Le vieux souverain se prépare au duel : il vendra chèrement sa peau et son pouvoir.

Hélas ! La détermination ne suffit pas toujours. Servius est impuissant face à l'ambition dévorante et la jeunesse de son adversaire. L'usurpateur le ceinture, le soulève et le projette en bas d'une volée de marches. Il meurt, le crâne fracassé contre la pierre.

Et c'est ainsi que Tarquin devient mon nouveau roi, sous le nom de Tarquin le Superbe, c'est-à-dire « l'Ambitieux » ou « l'Orgueilleux »...

11.

Un roi sans foi ni loi

Avec Tarquin le Superbe, ça déménage !

Le vieux roi est mort ? Qu'il pourrisse ! Il est strictement interdit de l'enterrer. Or, un jour, Tullia, sa fille, se promène en char. Elle veut se rendre au sommet de la colline des Esquilies, quand son cocher freine brusquement. Les chevaux hennissent, se cabrent mais finissent par s'arrêter juste devant le cadavre de Servius. Tullia ordonne au conducteur de continuer ; et, comme il hésite, c'est elle qui oblige les chevaux à passer sur son père. Forcément, sa voiture se couvre de sang et la reine est elle-même « souillée par des éclaboussures », rapporte, horrifié, Tite-Live...

Tarquin le Superbe n'est pas plus doux que sa femme.

Quelqu'un ose l'embêter ? Il lui confisque ses biens et le condamne à être décapité !

Le Sénat proteste ? Le roi massacre les sénateurs et n'en nomme pas de nouveaux : il a raison, comme ça, il est plus tranquille !

Mon armée est en difficulté ? Le Superbe ordonne qu'on cesse les combats... mais ce n'est qu'une ruse pour que l'adversaire se démobilise ; et le tyran gagne grâce à sa fourberie !

Tarquin veut faire construire un temple où il y en a déjà ? Il rase les autres !

Il n'a pas assez d'argent pour payer tous les ouvriers ? Il demande au petit peuple de venir travailler gratuitement !

Évidemment, l'homme n'est pas très, très aimé par ses sujets. Mes habitants n'ont plus aucun contrôle sur ses décisions, parfois délirantes. Ils ont honte d'être dirigés par un meurtrier qui n'a aucun sens de l'honneur. Une faute pire que le pire des crimes, chez moi.

Tarquin le Superbe sent monter la colère de mon peuple. Il prend ses précautions. Il ne sort guère de son palais. Il multiplie le nombre de ses gardes du corps. Ça ne l'empêche pas de poursuivre ses méfaits, mais il se méfie.

Il a raison. Oh, pendant un moment (un bon moment, même : vingt-cinq ans !) tout va bien pour lui... Mais, un jour, la famille royale commet le crime de trop.

Cette fois, ce n'est pas Tarquin en personne qui est en cause, mais Sextus Tarquin, son fils. Ce godelureau ne trouve rien de mieux à faire que de violer une femme splendide, Lucrèce. Il ne la tue pas de ses mains ; pas la peine. Il a bafoué son honneur. C'est pire. Même si Sextus Tarquin n'en a pas conscience – ou, plutôt, même s'il n'en a rien à fiche. Lucrèce, elle, a très honte de ce qu'elle a subi. Alors, elle se suicide, en faisant promettre de la venger à tous les témoins de sa mort.

Après avoir subi d'innombrables meurtres et crimes, on pourrait croire que les Romains sont résignés. Une ignominie de plus ou de moins, qu'est-ce que ça change ? En l'occurrence, tout. Strictement tout. Le viol de Lucrèce est la goutte d'eau qui fait déborder la jarre. Trop de meurtriers sont au pouvoir : le roi est un assassin qui a volé le trône en supprimant un vieillard ; son fils a déshonoré une femme et provoqué sa mort ; Tullia est une scélérate patentée : la rue où elle a conduit le char qui a écrasé son père s'appelle désormais « la rue du Crime »...

Vingt-cinq ans après le début de son règne, Tarquin est donc renversé et exilé. Sextus Tarquin, le voyou sans scrupules réussit à s'enfuir, mais il ne perd rien pour attendre : la haine le poursuivra jusqu'à sa retraite, et il mourra lardé de coups de couteau.

Après l'expérience horrible de Tarquin le Superbe, une chose est sûre : mes habitants en ont ras le bol de ces rois qui font passer leur gloire personnelle avant moi. Ils veulent participer à ma grandeur ; ils veulent avoir leur mot à dire ; ils veulent surtout que ceux qui nous gouvernent, eux et moi, soient des gens qui m'honorent au lieu de me déshonorer.

Et c'est ainsi qu'ils inventent un curieux régime appelé « la République »...

12.

Conte toujours, ça m'intéresse !

Pour mes habitants, toutes les histoires que je viens de raconter sont vraies. Elles font partie de « ma légende », c'est-à-dire de ces récits destinés à expliquer aux Romains l'origine et l'importance de leur cité, parfois en référence à des événements historiques, parfois grâce à des anecdotes imagées *qui ont la même valeur que les événements historiques*. L'intervention d'un dieu est aussi « vraie » que l'intervention d'un roi. Même si le roi comme le dieu n'a jamais existé concrètement. C'est la manière qu'ont mes citadins de comprendre leur histoire. Notre histoire.

Pour vous autres, humains du XXIe siècle, l'Histoire a changé. Certains disent même que la légende, « c'est n'importe quoi ».

En effet, aujourd'hui, les historiens préfèrent les faits prouvés aux récits non vérifiés par des découvertes archéologiques. C'est pourquoi on a pu dire que certaines des histoires que vous avez lues étaient vraies, d'autres fausses, et d'autres encore peut-être un peu vraies, peut-être un peu fausses. Cela ne signifie pas du tout que mes habitants étaient plus crédules ou moins intelligents que vous, désolée ; juste que les habitudes et les critères des historiens ont évolué au cours des millénaires.

Le problème des spécialistes du XXIe siècle, c'est qu'ils ne savent pas toujours quels événements rapportés par la légende sont « vraiment vrais » ! En effet, ils se sont déroulés il y a trois mille ans. Pas facile d'avoir des informations sur cette époque ! On recherche des documents officiels, des monuments, et les manuscrits d'historiens. Mais, d'une part, les sources écrites sont rares, et la plupart de ces raretés ont disparu ; d'autre part, les historiens romains eux-mêmes ne se souciaient pas toujours de les consulter.

À quoi bon ? Les documents d'origine étaient souvent oraux. Mon histoire est née avant même qu'un écrivain ait l'idée de coucher les événements sur des tablettes. Jusque-là, on se la racontait de génération en génération. Les prêtres se transmettaient entre eux des mythes (des récits sacrés) et des rituels (des manières de rendre hommage aux dieux). Très important : dès le début, mon histoire n'est pas qu'une série de dates ennuyeuses, mais un récit sacré, narré par des religieux, qui donne du sens et me présente à mes habitants... ainsi qu'à vous, des siècles après.

Ce n'est pas un tissu de racontars de vieilles radoteuses. Donc, même si l'on est parfois sûr que ce que la légende rapporte n'est pas arrivé « pour de bon », elle montre comment les Romains se représentaient leur passé pour expliquer ou critiquer leur présent.

Par exemple, on pense aujourd'hui que les rois des premiers temps n'ont pas tous existé, ou qu'il y en a eu davantage, enfin bref, que c'était beaucoup plus compliqué que selon la légende. En quelque sorte, celle-ci serait « trop simple ». Pas forcément par volonté de mentir. Alors, pourquoi ?

Première explication : l'impuissance. Certains historiens du XXe siècle estiment que, même s'ils ne savent pas grand-chose de mon passé, « ils en savent infiniment plus sur l'origine probable de Rome que ce que pouvait en savoir Tite-Live ». Parfois, les histoires des historiens de jadis avaient pour objectif de boucher les trous, car l'Histoire a horreur du vide.

Deuxième explication : la volonté de donner du sens à l'actualité. Ainsi, la légende se termine par l'évocation de la vie d'un roi horrible, Tarquin le Superbe ? Pas étonnant, puisqu'elle a été rédigée à l'époque de la République. Il fallait donc montrer que la royauté était un mauvais régime, pour conforter le présent en dénonçant les erreurs d'autrefois.

Troisième explication : l'amour de moi. Eh oui ! Les historiens antiques souhaitaient rappeler mon passé glorieux et riche : grâce à la bénédiction des dieux, j'ai grandi et je me suis enrichie. Le premier défaut de la monarchie était de m'éloigner de mon peuple. Or, mes habitants ne doivent pas seulement fouler mon sol, ils doivent aussi faire corps avec moi pour assurer ma pérennité. Ce qui est impossible si le pouvoir est confisqué par un seul homme. Voilà pourquoi, quand un roi est terrible et odieux, dans la légende, vous remarquerez qu'il a toujours oublié l'importance et des dieux qui m'ont bénie, et du peuple qui me donne vie.

Quatrième explication : le public. Conter une histoire, c'est s'adresser à quelqu'un. Il faut donc imprimer du rythme au récit, sinon on perd le fil, on s'ennuie, on laisse tomber. Par conséquent, ceux qui rapportent la légende ont utilisé un rythme régulier, qui crée du suspense et donne de la cohérence à leur propos... quitte à modifier certains faits objectifs.

Cinquième explication : l'écriture. Écrire une histoire, ce n'est pas seulement répéter, c'est rapporter, c'est-à-dire apporter à nouveau quelque chose à ce qui existe déjà. Par exemple, on s'est aperçu que les auteurs de la légende trichent souvent sur l'origine de leurs personnages ou de leurs coutumes. Tous racontent *grosso modo* les mêmes péripéties, mais chacun rajoute son petit grain de sel personnel, souvent pour insister sur ma grandeur et parfois pour la développer. Ainsi, selon la tradition, tout commence quand Énée débarque en Italie. Or, Énée, Homère[1] a parlé de lui. L'intégrer à mon histoire permet aux citadins de créer un lien entre leur cité et les villes

1. Homère est un poète grec du IXe siècle avant Jésus-Christ, qui aurait composé et récité deux immenses poèmes : l'*Iliade* et l'*Odyssée*.

grecques – ce qui facilite les échanges... et convainc mes habitants qu'ils sont bien les successeurs des Grecs les plus glorieux !

Voilà le problème, avec la légende : les événements qu'elle relate ne sont pas toujours arrivés, ou en tout cas pas comme elle l'affirme ; mais quand un historien romain l'écrit, il ne cherche pas à mentir, il dit *sa* manière de voir *sa* ville. Il ne faut pas oublier que l'Histoire n'est pas juste une suite d'événements : elle est une suite d'événements *retranscrits par des gens qui pensent, qui vivent, qui reconstituent leur passé et imaginent leur avenir*. La légende ne ment pas : tantôt, elle comble les trous de l'ignorance ; tantôt, elle donne les clefs qui ouvrent certaines portes de compréhension.

Par exemple, Denys d'Halicarnasse affirme que Romulus a accompli des tas d'exploits qui, en réalité, ont été accomplis par des rois étrusques. C'est un moyen de valoriser mon fondateur et de le rapprocher des grands fondateurs grecs ; car, selon cet auteur, les Grecs des débuts étaient des êtres exceptionnels dont sont issus les Romains. D'ailleurs, Romulus est grec, puisqu'il est présenté comme un arrière-arrière-arrière-petit-fils d'Énée ! Ainsi, Denys d'Halicarnasse développe sa conviction intime, en la mêlant aux témoignages recueillis. Il n'est pas le seul. Chaque historien expose l'Histoire comme il l'entend. Le résultat, évidemment, ne tient pas debout, à peine de guingois.

Ce qu'on appelle « la légende » (même si, en réalité, il y a de nombreuses versions de cette « légende ») est plein d'imprécisions, de contradictions, de bizarreries, d'anachronismes (c'est-à-dire de dates qui se mélangent) ; les faits avérés sont souvent déformés et mêlés à des aventures inventées. Pourtant, il n'y a pas d'opposition entre les connaissances historiques qu'on peut avoir au XXIe siècle et la légende. Ce sont deux manières complémentaires de voir et de comprendre ma naissance, et de chercher à éclaircir *le* grand mystère : comment une ville aussi importante que moi a-t-elle pu naître et grandir ?

Ces deux pistes étant insuffisantes, il nous reste une troisième voie que nous pouvons tous explorer, chacun pour soi. Cette voie a un joli nom : elle s'appelle la « rêverie ». Vous pouvez l'emprunter quelques instants avant de tourner la page et d'entrer de plain-pied dans l'histoire de ma République.

13.

C'est la révolution !

Tite-Live, le plus célèbre historien romain, a rédigé un livre sur ma fondation. Il s'arrête en 509 avant Jésus-Christ, aux débuts de la République. À cette époque, estime-t-il, j'existe « pour de bon ». J'ai un territoire, une population, une identité, un nouveau gouvernement.

Pourtant, j'ai la fièvre. Émeutes, batailles, altercations et révoltes en tout genre se multiplient dans mes murs. Que se passe-t-il ? Branle-bas de combat : mes habitants font la révolution et mettent Tarquin le Superbe à la porte.

Déjà dit ? Hum, minute, papillons : ce n'est que la version officielle. Aujourd'hui, on pense que ça ne s'est pas déroulé de cette manière. Des fouilles ont récemment montré que Porsenna, un roi étrusque, m'a attaquée et a infligé une sévère défaite à Tarquin. Mais l'envahisseur n'a pas pu s'attarder : une contre-attaque se préparait, et d'autres peuples voisins s'apprêtaient à tenter leur chance à leur tour.

En effet, Sabins, Éques et Volsques déferlent à ce moment sur la région, bien décidés à s'emparer de moi. Mes habitants, privés de chef depuis que Tarquin le Superbe a été écarté du pouvoir, doivent de toute urgence s'organiser afin de me défendre. Pour motiver mes troupes, une seule solution : faire comprendre à chacun que je suis la « chose de tous ». En latin, cela se dit *res publica* – ce qui donne en français « république ». Voilà donc la République proclamée, prouvant aux Romains qu'ils ne sont pas seulement *dans* la ville : ils sont aussi une partie de moi. Et comme ils ont des esclaves pour travailler à leur place, les plus riches d'entre eux peuvent se consacrer à l'essentiel, c'est-à-dire à la vie politique (qui vient de *polis*, « la ville »).

Pour simplifier, Tite-Live ne dit pas que Tarquin est renversé par un roi étranger : il prétend, on l'a vu, que mes habitants se seraient libérés eux-mêmes. Sur la forme, il a (volontairement) tort ; sur le fond, il a raison : devant les invasions et les menaces des peuples voisins, les Romains ont décidé de faire corps avec moi. Ils s'approprient leur cité en exerçant un contrôle sur son gouvernement, sans l'intermédiaire de puissances étrangères ou de grands rois omnipotents...

Et voilà comment est née la République !

14.

Un beau conte de faits

La République commence au VIe siècle avant Jésus-Christ. Mes habitants sont alors organisés en deux groupes, qui ne se mélangent pas. D'un côté, il y a les patriciens, qui monopolisent le pouvoir. De l'autre côté, il y a les plébéiens, qui n'ont qu'à obéir.

La vie des patriciens n'est pas triste ! C'est bien simple : ils cumulent toutes les fonctions.

Les magistrats ? C'est eux !

Les chefs de l'armée ? Encore eux !

Les prêtres et les législateurs[1] ? Toujours eux !

À Rome, on ne sépare pas le pouvoir politique du pou-

1. Un législateur conçoit, rédige et vote les lois.

voir religieux. Ceux à qui les dieux parlent, c'est-à-dire les patriciens, parlent à leur tour au peuple et le gouvernent. Ce dernier doit se soumettre.

Les plébéiens n'aiment pas trop cette idée. Ils subissent la loi des plus forts, et ils n'apprécient pas. Si c'est ça, la République, ça ne peut pas durer !

Ça ne durera pas. Il faut à peine quinze ans pour que ma République connaisse sa première crise. Les plébéiens s'installent sur l'une de mes collines, le mont Aventin, et décident de ne plus s'occuper des patriciens : ils font sécession. Ma mort se profile. Rome, la Rome unique, la Rome sacrée est en danger !

Bon, aujourd'hui, vous savez que j'ai survécu. Sinon, ce livre n'existerait pas. D'accord. Mais un peu d'imagination, quoi ! À l'époque, ça n'était pas gagné pour moi...

Bien sûr, tout le monde est conscient du risque, mais personne n'a envie de céder. Les patriciens veulent garder leur pouvoir, on les comprend ; les plébéiens exigent d'en avoir, au moins un peu, et c'est normal. L'affaire est mal engagée. On ne discute plus. On s'invective. On s'insulte. Vais-je disparaître ?

Non ! Un patricien, Ménénius Agrippa, décide de prendre les choses en main. Il était temps ! Cela dit, je n'étais pas *si* inquiète que ça : dans mon histoire, quand rien ne va plus, un homme a toujours une idée géniale qui sauve la patrie. Cet homme providentiel ne peut qu'être inspiré par les dieux, qui montrent ainsi qu'ils m'aiment et me protègent.

Voilà donc Ménénius Agrippa qui, au lieu de fourbir

son glaive pour régler leur compte aux manants, choisit de leur offrir une histoire. Et là, on voit encore l'importance du récit, de l'oralité – ce qu'on avait déjà aperçu avec la légende. C'est peut-être pour ça que, aujourd'hui encore, j'adore raconter ma vie...

Bref, l'histoire de Ménénius Agrippa commence ainsi : il y a fort longtemps, si longtemps que rares sont ceux qui s'en souviennent, les bras et les jambes se révoltèrent contre l'estomac. Les jambes disaient : « Nous allons chercher de la nourriture ! » Les bras disaient : « Nous la portons jusqu'à la bouche ! » Et, ensemble, jambes et bras concluaient : « Pendant que nous travaillons, qu'est-ce que fait l'estomac ? RIEN ! Il se contente de digérer ce qu'on lui donne. » Alors ils déclenchèrent une grève illimitée : ils ne nourriraient plus le corps jusqu'à nouvel ordre.

Très vite, l'estomac cria famine, réclamant sa ration. Bras et jambes ricanèrent : « Tu peux toujours rêver, gros paresseux ! » Un jour passa, puis un deuxième, puis d'autres encore. L'estomac, vaincu, ne criait plus. Mais les membres, eux, n'étaient pas en grande forme non plus. La fatigue les prenait. Ils sentaient que chacun de leurs mouvements devenait difficile. Un engourdissement général les clouait peu à peu sur place.

C'est ainsi qu'ils comprirent que l'estomac n'était pas qu'un gros paresseux. En le nourrissant, bras et jambes se nourrissaient, eux aussi. En décidant de ne plus le nourrir, ils se condamnaient à mort.

À ce moment de son récit, Ménénius regarde longuement les plébéiens et leur dit :

— Ainsi sommes-nous, plébéiens et patriciens. Bras, jambes, estomac, nous participons tous à notre façon à la vie d'un même corps : Rome. Alors, que préférez-vous ? L'unité de Rome ou la mort de tous les Romains ?

L'unité ou la mort ! Cela demande réflexion.

Les plébéiens, séduits par la parabole, estiment que Ménénius n'a pas tort. Mais, avant de rentrer dans le rang, ils réclament le droit de pratiquer leur religion. Un temple sera édifié en l'honneur des dieux de la Fécondité, chers au cœur des petits paysans (et ils sont nombreux, les paysans, parmi les plébéiens !). Cela peut sembler un détail. Erreur ! D'une part, à l'époque, n'oubliez jamais que la religion était très importante. D'autre part, un pouvoir religieux n'a pas de sens sans un pouvoir politique (et vice versa) ; par conséquent, les plébéiens exigent aussi que soit créée une nouvelle fonction politique : les tribuns de la plèbe, qui seront des magistrats romains issus de leurs rangs. Accordé.

Satisfaits par ces concessions, les plébéiens descendent de l'Aventin ; mon estomac, mes bras et mes jambes se réunissent. Depuis, quand une proposition est largement approuvée, on dit qu'elle est « plébiscitée ». Cela vient de *plèbe*, tout simplement.

Que Ménénius ait réussi à sauver Rome grâce à une histoire, ça paraît trop beau pour être vrai. Cette explication nous est livrée par Tite-Live, Denys d'Halicarnasse et Plutarque, qui écrivent quatre siècles après ces événements.

Or, quand ces écrivains rédigent leurs textes, les petits paysans sont en pleine révolte contre les grands propriétaires terriens. Ce récit n'est donc pas un mensonge : c'est une manière d'appeler les habitants de leur temps à la paix et à l'union. Pour que la cité survive, à quelque époque que ce soit, il faut des bras, des jambes et un estomac. Il faut que riches et pauvres, gouvernants et simples citoyens, comprennent leur intérêt à vivre ensemble pour ma plus grande gloire.

Au VIe siècle avant Jésus-Christ, heureusement pour moi, les Romains l'ont compris...

15.

Suivez la guide !

Il n'y a pas de hasard. Jamais. En tout cas, pas chez moi.

Les plébéiens n'ont pas décidé de faire sécession sur un coup de tête. Ils ne se sont pas levés un matin en constatant qu'ils faisaient tout le boulot au profit des patriciens et qu'ils n'en tiraient aucun bénéfice. Simplement, à l'époque, je ne formais pas un tout, ni socialement (les patriciens se distinguent des plébéiens), ni physiquement (je suis construite sur sept collines bien différentes).

La révolte s'explique donc en partie par ma forme. Mais à quoi je ressemble, à l'époque ? À un ensemble de quartiers aux rôles très spécifiques.

Autour du Forum, des collines. Les habitants de chacune ont leurs fonctions.

Sur le Palatin sont installés les plus riches. Leurs belles demeures grouillent de très nombreux domestiques, qui se pressent pour satisfaire les désirs du maître de céans et les exigences de la matrone, reine en son logis. Dans les grandes maisons, tous les serviteurs n'approchent pas les patrons. Ils en viennent souvent aux mains pour déterminer qui les verra et, ce faisant, aura une chance d'obtenir quelque faveur en remerciement : gratification sonnante et trébuchante, victuailles, repos, rendez-vous galant ou héritage ! Il faut bien vivre...

Un peu moins cossues, les collines du Quirinal et du Viminal sont cependant habitées elles aussi par des Romains bon chic bon genre. Ces endroits contrastent furieusement avec mes quartiers pauvres (on a tous des défauts, non ?), et notamment avec l'horrible colline de l'Esquilin, mon quartier le plus mal famé.

Pourtant, en apparence, les commerces sont « normaux » : des bijoutiers côtoient des parfumeurs, des cordonniers et des barbiers. Mais chacun sait que, derrière ou autour des échoppes, se retrouvent mes habitants avides de plaisirs interdits ou très coquins. Bruits étouffés, odeurs suspectes, mouvements furtifs : tout, ici, suggère qu'il se passe de vilaines affaires. On se revend de jolis esclaves ; on met au point de sombres complots.

Entre amis, on se refile de bonnes adresses où goûter un peu de chair fraîche :

— Tu connais la boutique de Sévérus, dans la rue des marchands d'encens ?

— Non, pas encore...

— Alors va voir le patron de ma part, tu m'en diras des nouvelles !

On peut aussi varier les plaisirs et planifier l'assassinat de son meilleur ennemi. C'est l'endroit idéal. On y paye des tueurs à gages pour venger un parent empoisonné – du moins le soupçonne-t-on – par un proche ou un voisin de goguette ; on engage des petites frappes pour effrayer ou mutiler des adversaires politiques gênants... ou de simples casse-pieds.

Et, quand une épidémie de peste s'abat sur la ville, comme en 459 avant Jésus-Christ, on s'y permet tous les excès pour oublier que la fin est proche, toute proche. Car, dans ces moments terribles, le péril est obsédant. Beaucoup de mes habitants mourant, on ne prend pas la peine de les enterrer. Alors, non seulement on a peur de la mort, mais on n'arrive pas à en détacher ses sens : les cadavres pourrissent en pleine rue, aux yeux et au nez de tous – ce qui ne fait qu'accentuer le développement de l'épidémie... Dans ces circonstances, on prie un peu, puis on ripaille, on boit force alcools, on s'adonne aux joies du sexe avec un entrain inaccoutumé, on commet divers crimes et délits : rien n'est de trop pour oublier ce qui se passe !

Mais bon, quand tout va bien, mes riches habitants ne détestent pas non plus se promener dans les rues dangereuses. Ils y baguenaudent de préférence sous escorte : il faut se méfier des parasites, des voleurs à la tire, des charlatans, des diseurs de bonne aventure trop collants, des sorciers menaçants, des tueurs habiles, des brigands sans foi ni loi, des individus patibulaires et des jaloux en tout genre. Une fois les précautions élémentaires prises, la soirée de folie peut commencer ; il n'est guère de tribuns austères, de banquiers intraitables, de sages philosophes, de poètes délicats et d'acteurs célèbres qui ne jubilent à l'idée de s'encanailler.

On en trouve des traces dans les textes qui nous sont parvenus. Ainsi, dans une comédie de Térence[1], un jeune homme entre par effraction chez un marchand d'esclaves. Il détruit sa maison, il enlève sa femme et ses enfants, et tout ce que son père adoptif trouve à lui dire, c'est : « Ce n'est pas grave, du moment que tu as de l'argent pour te faire pardonner. »

Étonnant, non ? Mais, attention ! il ne faut pas dépasser les bornes ! Même riches, mes habitants doivent garder une certaine mesure. La soirée de débauche doit rester ex-cep-tion-nelle : « Je savais que tu venais ici, reproche ainsi Caton[2] à un habitué de l'Esquilin, et je t'en félicitais. Mais je ne savais pas que tu y habitais ! »

Autres collines, autres mœurs : depuis la tentative de sécession, l'Aventin est le fief des plébéiens. On y prie dans trois temples. L'un est érigé pour honorer Cérès, Liber et Libéra, les dieux de la Fécondité ; un autre pour louer Minerve ; et un dernier pour vénérer Diane, protectrice de la Ligue latine (la Ligue réunit des cités du coin... dont moi).

Cependant, c'est le Capitole qui reste le mont religieux

1. Térence, d'abord esclave, a écrit des pièces de théâtre au IIe siècle avant Jésus-Christ. Six d'entre elles nous sont parvenues.

2. Caton a vécu aux IIIe et IIe siècles avant Jésus-Christ. Soldat, puis propriétaire terrien, il a prôné l'austérité dans ses écrits.

par excellence. Un capitole, ça n'a rien d'original. Chaque cité italienne en a un. On appelle ainsi un édifice public autour duquel on se réunit. L'originalité de mon capitole à moi, c'est qu'y sont regroupés de nombreux temples. On en compte trois principaux, dédiés à Jupiter, à Junon et à Minerve ; les autres, on ne les compte pas : il y en a trop !

Tous ces édifices se disputent la ferveur des Romains. En effet, ceux-ci ne rechignent pas à remercier, implorer ou acclamer leurs dieux : ils sont tellement habités par mon origine divine qu'ils ne cessent de demander conseil et appui aux puissances surnaturelles. Surtout quand ils sont riches ! Car il faut pouvoir acheter les animaux qu'on veut sacrifier, et payer les prêtres qui officient...

Mais, qu'il soit riche ou pauvre, un Romain fréquente forcément le Forum. Normal : tous les chemins mènent au Forum, et c'est là que tout se passe.

Où se tiennent les réunions politiques ? Au Forum.

Où commencent les campagnes électorales ? Au Forum, bien sûr.

Où se dirigent les émeutiers ? Vers le Forum, évidemment.

Et où organise-t-on les grandes cérémonies religieuses, les sacrifices solennels, les triomphes qui célèbrent les victoires militaires ? Sur le Forum, inévitablement.

Pour autant, le Forum n'est pas réservé aux manifestations exceptionnelles. C'est aussi un lieu de vie très animé. Là, des poissonniers étalent leurs caisses puantes (« Il est frais, mon poisson, frais ! ») ; des bouchers s'époumonent en vantant leur achalandage (« À la bonne côte de bœuf ! ») ; de petits artisans travaillent la terre glaise, le cuir, l'or et maints métaux précieux. Autour de cette cohorte de marchands, une foule de badauds déambulent, fouinent, se saluent, se volent, cherchent la bonne affaire ou un visage connu. Des chevaux piaffent, des vaches lâchent nonchalamment leurs bouses au fumet corsé, et des trafics de toutes sortes s'organisent dans la discrétion assurée par le brouhaha incessant et la presse.

C'est qu'il a bien changé, le Forum, depuis ma naissance ! Jadis, il n'y avait là qu'une plaine marécageuse infestée de moustiques. Après que Tarquin l'Ancien a drainé le Vélabre, l'endroit est au sec. Pour le rendre plus accessible aux chariots et moins inondable, on l'a pavé. Il est devenu mon centre-ville, situé aux confluents de deux très grandes routes : la Voie sacrée et la Voie nouvelle.

Centre de la vie civique, il accueille la curie, où se réunissent les sénateurs, le *comitium*, où se tiennent les assemblées électorales, et les *rostres*, qui sont des tribunes où les langues bien pendues peuvent se délier.

Centre de la vie religieuse, il est entouré par le temple de Saturne, le temple de Castor et Pollux, le sanctuaire de Vesta, le couvent des vestales et la demeure de l'homme religieux le plus important de la cité : le grand pontife. Rien que ça !

Voilà qui montre l'importance du lieu : on y vit, on y commerce, on y manifeste, on y dirige la cité, on y débat, on y prie. Mes habitants s'y fondent dans un perpétuel va-et-vient.

Pour autant, tout n'est pas toujours doux, heureux et paisible...

16.

Amour, gloire et monnaie

En apparence, tout va bien. En 451 avant Jésus-Christ, patriciens et plébéiens décident de confier le pouvoir à dix hommes, chargés de rédiger des lois valables pour tous. Ces *décemvirs* (ce qui veut dire « dix hommes » en latin) – car c'est ainsi qu'on les appelle – ne déçoivent pas mes habitants. Ils rédigent notamment la loi des Douze Tables, que chacun peut consulter.

C'est une révolution ! Jusqu'alors, les lois étaient transmises oralement, de magistrat à magistrat, ce qui permettait de les modifier opportunément pour justifier une condamnation arbitraire ou, au contraire, pour ne pas condamner un homme riche et particulièrement influent, qu'il serait dangereux de froisser... Dorénavant, chaque citoyen pourra vérifier les lois qui lui sont appliquées. Génial ?

Eh bien, non. Car, même après avoir rédigé les lois, les décemvirs ne sont pas prêts à abandonner leur pouvoir. D'abord, leurs lois sont certes consultables, mais elles disent en gros que les patriciens ont tous les droits. Ensuite, les décemvirs eux-mêmes tentent d'imposer un pouvoir tyrannique à leur profit. Arguments à l'appui : quand l'opinion gouverne, elle risque de changer d'avis, ce qui remettrait en cause ma stabilité...

Quelle déception ! Le peuple attendait mieux de sa révolte sur le mont Aventin ! Alors, les plébéiens se soulèvent de nouveau et rétablissent les consuls. Quant aux tribuns, ils obtiennent le droit de veto qui leur permet de bloquer les lois lorsqu'elles leur semblent contraires aux intérêts de la plèbe.

Que ceux qui aiment les belles histoires se réjouissent : les écrivains romains ont raconté que cette deuxième révolte avait pour origine... un coup de foudre.

Un jour, dans une rue, Appius Claudius, un riche patricien, aperçoit Virginie, une jeune fille d'une beauté telle qu'Appius tombe instantanément amoureux d'elle. Problème : Virginie est pauvre et plébéienne. Qu'à cela ne tienne ! Appius Claudius enlève la jeune fille et décide que, dorénavant, elle lui appartiendra.

La famille de Virginie n'apprécie pas beaucoup ce kidnapping. Les amis sont eux aussi scandalisés. De proche en proche, la colère grandit. Et, bientôt, les plébéiens crient en chœur leur rage :

— Marre, y en a marre de ces patriciens qui se croient tout permis !

C'est ainsi que la deuxième révolte des plébéiens aurait commencé...

Même si ce récit est probablement une pure invention, il n'est pas anodin. Il pose en effet le problème du mariage dans mes murs. Jusqu'alors, les patriciens ne doivent pas épouser des plébéiennes, afin de protéger la pureté de leur caste. En 445 avant Jésus-Christ, Caius Canuléius, un tribun de la plèbe, s'en émeut. Il demande aux patriciens :

— Si un plébéien n'est pas digne d'épouser une patricienne, pourquoi ne lui interdisez-vous pas d'emprunter la même route que vous, tant que vous y êtes ? Pourquoi ne lui interdisez-vous pas d'assister aux mêmes repas ou de se trouver sur le même forum que vous ?

Les arguments du tribun et sa discrète menace font leur effet. On vote la loi qui autorise l'union, quel que soit l'état de leur bas de laine, de deux de mes habitants (de sexe opposé, bien sûr : à l'époque, on n'a pas besoin de le préciser...). Bon, ne rêvons pas. Cette loi ne précipite pas des flopées de patriciens charmants dans les bras de ravissantes quoique pauvrissimes plébéiennes. Elle n'incite pas des tas de jeunes patriciennes à épouser des plébéiens bronzés, sans le sou mais si sexy. Elle permet en fait aux riches plébéiens d'épouser de vieilles bonnes femmes moches, certes, ruinées, d'accord, mais patriciennes. Ce qui permet à leurs nouveaux maris d'exiger une plus grande part de pouvoir...

Eh oui ! Une fois mariée aux patriciens, l'élite plébéienne veut participer à la vie politique tout comme sa nouvelle famille. Ce n'est pas très dangereux : entre gens de même fortune et de même famille, on doit avoir les mêmes intérêts, et se mettre d'accord semble possible. Pourtant, certains patriciens ne l'entendent pas de cette oreille. Ils ont peur que je coure à ma perte si des parvenus se mettent à me gouverner. Bref, ça sent le roussi.

Encore.

Et bientôt, ça le sent pour de vrai : les Gaulois s'apprêtent à mettre le feu !

17.
Ils sont dingues, ces Gaulois !

Cette fois, le héros de l'histoire n'est pas un habile tribun au verbe efficace. Ce n'est pas non plus une jeune fille pauvre à la beauté renversante. C'est... un troupeau d'oies. Quel rapport avec les Gaulois ? Un peu de patience ! Replongeons-nous d'abord dans l'ambiance de l'époque.

En 390 avant Jésus-Christ, les Gaulois sont aux portes de la ville. Ce n'est pas une surprise. Je savais qu'ils finiraient par arriver. Je n'étais pas la seule.

Depuis dix ans, ces hordes descendent du Nord, incendient, pillent, conquièrent toutes les villes qui ont le malheur de se trouver sur leur passage. Ils sont violents, décidés, sans scrupule et très expérimentés. Ce qui, d'abord, nous arrange, mes habitants et moi. Car ils commencent par s'en prendre aux autres villes. Notamment aux cités étrusques. Celles-ci ont donc du fil à retordre... et n'ont plus le temps de m'attaquer, moi.

Franchement, je préfère que les Gaulois agressent les autres. Surtout à ce moment-là. Je viens de perdre mon meilleur capitaine, Camille, qu'on accuse d'avoir truqué le partage du butin après une victoire. On l'a exilé.

C'est alors qu'approchent les Gaulois. Ils sont redoutables. Ils sont très nombreux. Très méchants. Très courageux : pour eux, la mort n'est rien, sinon un plaisir quand il s'agit de la donner. Et ils savent la donner ! Ils se mettent torse nu, parce qu'ils n'ont pas peur, eux, pas comme ces trouillards couverts de cottes de mailles ou d'armures ! Et ils déboulent à toute berzingue sur leurs chars à deux roues.

Depuis leur véhicule, ils projettent vers leurs adversaires des piques, des javelots et des dards qui ne ressemblent à rien : il y en a en bois et en métal, des courts et des longs, et certains sont même enflammés ! Quand ils arrivent à hauteur des rangs adverses, pof ! ces barbares sautent à terre et abattent leur énorme épée sur les soldats qui leur font face. Du moins quand c'est encore nécessaire : parfois, des meutes de molosses qu'ils ont spécialement dressés pour égorger ont déjà achevé le travail...

Pas très organisé, pas très discipliné, pas très esthétique, mais super efficace.

D'autant que ces barbares soignent l'ambiance. Côté image, ils brandissent leurs étendards : en l'occurrence, ce sont de grands sangliers en métal symbolisant leur force et leur sauvagerie. Côté son, en plus des aboiements de leurs chiens, ils ont des sortes de trompes en forme d'animaux monstrueux qui mugissent très fort. Et, à cela, il faut ajouter leur réputation impitoyable. Car non seulement ce sont des tueurs féroces, mais en plus ils sont complètement fous : ils ont l'habitude de décapiter les soldats vaincus, d'embaumer les têtes dans de l'huile de cèdre et d'en décorer leurs camps militaires et leurs cabanes. Miam !

Et ce sont ces dingues qui marchent sur moi...

18.

Massacres à gogo

Pas question de laisser les Gaulois s'installer devant mes murs. Ils sont trop dangereux ! Mes habitants décident d'aller à leur rencontre.

Le drapeau rouge flotte sur la ville. C'est le signal : tous les hommes mobilisables doivent s'enrôler. Au total, ils sont environ quarante mille. Ils s'encouragent, ils jouent les braves, ils fanfaronnent. Les muscles roulent sous la peau. Les plaisanteries viriles fusent. Les glaives cliquettent. Les lances s'entrechoquent. Ah, pour ça, elle a fière allure, mon armée ! Elle fond sur l'Allia à grandes enjambées, pour en découdre au plus tôt avec les barbares. Mes chefs ne sont pas excellents, mes soldats ne sont pas les meilleurs, mais ils y croient. Ils ont vingt kilomètres à parcourir ; et, vingt kilomètres à pied, si ça use les souliers, ça permet aussi de se monter la tête, de s'imaginer qu'on est un superhéros en puissance, et de fantasmer sur ses futurs exploits.

Quelques heures plus tard, l'ambiance a drôlement changé. Quand ils se sont trouvés face à mes défenseurs, les Gaulois les ont insultés. Puis ils se sont jetés à l'assaut, encouragés par les psalmodies de leurs bardes. Ils ont enfoncé l'avant-garde. Massacré la garde. Poursuivi l'arrière-garde. Et bien rigolé en regardant leurs ennemis qui se jetaient dans le fleuve pour échapper à leurs assauts (en fait, les armures de mes soldats étaient si lourdes que tous les lâches périssaient noyés...).

Brennus, le chef gaulois, redoute le piège. Trop facile, cette victoire. Donc, il temporise. Il laisse ses hommes faire la fête puis cuver leur vin ; ensuite, il envoie des éclaireurs dans mes murs. Aucune surprise : les Gaulois reviennent sains et saufs. Ils confirment qu'il n'y a pratiquement plus personne pour me garder. Alors, Brennus se dirige vers la ville pour prendre possession de mon corps.

Pendant ce temps, raconte Tite-Live, mes anciens dignitaires envoient les femmes et les enfants se réfugier sur le Capitole sous la protection de quelques légionnaires (enfin, les femmes et les enfants des riches, les autres sont invités à aller se faire massacrer ailleurs). Eux sont incapables de me défendre contre les barbares, mais il leur reste un bien à défendre, et un bien ô combien précieux ! Ce bien, c'est l'honneur. Mon honneur. Donc le leur.

Ceux qui ont un jour été magistrats de Rome revêtent une toge pourpre et or. Ils s'assoient sur une chaise incrustée d'ivoire, un sceptre à la main. Quand l'ennemi viendra, ils seront prêts à mourir dignement.

On raconte même que certains hiérarques (c'est-à-dire hauts responsables) se sont « dévoués ». Et, à l'époque, *se dévouer* ne signifie pas « donner des leçons de morale à ses concitoyens, moyennant un gros salaire, une voiture avec chauffeur et un logement de fonction dans un quartier chic ». Non, *se dévouer* veut alors dire tout autre chose : il s'agit de « mourir en s'offrant en sacrifice aux dieux infernaux ». Donc, en s'immolant. Les dieux, ces gros gourmands, ayant eu leur ration de chair humaine, sont censés par la suite épargner la cité.

Si de tels sacrifices ont été offerts, ils n'ont pas dû trouver grâce aux yeux des multiples divinités de l'époque. En effet, les troupes gauloises arrivent. Elles franchissent en masse mes murs. Pas de difficulté. On a laissé les portes ouvertes. Rapidement, les intrus inspectent les lieux. Personne dans les rues. Pas de guet-apens. Pas de coup fourré. Bizarre, pensent les envahisseurs. Et si ce n'était qu'une nouvelle ruse de mes habitants pour les amener à se découvrir avant de frapper ?

Les soldats vainqueurs veulent s'assurer qu'aucune résistance ne leur sera opposée. Il leur faut décider d'un plan. Ils se regroupent sur le Forum et hésitent. Attaqueront-ils les immeubles plébéiens, misérables mais fermés ? ou commenceront-ils par investir des maisons plus riches, ouvertes et donc inquiétantes ? Va pour ces dernières.

Les villas romaines, il est vrai, sont tentantes. Martial[1] décrit ainsi les richesses d'un concitoyen : « Ta maison occupe la place de bien des immeubles ; de nombreux débiteurs sont aux ordres et à la merci de ton coffre-fort ; et l'on te sert dans de la vaisselle d'or. » Et le poète conclut : « Garde-toi, pourtant, Rufinus, de mépriser le plus humble que toi : Didyme était plus riche que toi, et Philomelus l'est encore plus que Didyme ! » Fort de ces indices, on peut imaginer la taille et la décoration de la villa de Philomelus... et on peut comprendre la convoitise des Gaulois devant ces belles demeures !

Parmi ces magnifiques maisons, c'est celle de Marcus Papirius qui est choisie. Un Gaulois y entre. Au milieu de la pièce, il voit un homme. Majestueux. Immobile. Silencieux. Impressionnant. D'autres guerriers se massent devant la porte, interdits : à quoi joue donc ce vieux ? qu'attend-il pour dégainer son glaive et vendre chèrement sa peau ? Le Gaulois s'approche et, en guise de salut, touche la barbe de Marcus Papirius. Cela n'a rien de moqueur ou d'insultant. Au contraire, c'est un signe de respect. Et, pourtant, c'est ce geste qui va déclencher le sac de mes habitations.

En effet, Marcus Papirius ne le supporte pas. Que ses ennemis violent sa ville, il n'y peut mais. Qu'ils pénètrent dans son domicile, c'était inévitable ; maintes fois, Papirius a tâché d'imaginer cette scène pour ne pas se laisser entraîner dans un combat perdu d'avance. Mais que ces

1. Martial est un poète du Ier siècle après Jésus-Christ, dont les textes pointent, souvent avec humour, les travers de ses contemporains.

sauvages osent porter la main sur lui, dépositaire de mon autorité sacrée, c'est trop fort ! D'un coup de sceptre, il châtie l'insolent. Le crâne défoncé, l'intrus s'écroule aux pieds du notable. Le signal du massacre est donné.

Les Gaulois, furieux, assassinent sur-le-champ Marcus Papirius, sa famille et ses domestiques. Ensuite, ils mettent le feu à sa maison. L'odeur de chair brûlée qui envahit l'atmosphère ne les arrête pas. Au contraire. La destruction de la ville vient à peine de débuter.

Rien ne peut endiguer cette marée de guerriers en fureur. Les sénateurs sont tués sur leur siège. Les proches, quand ils accourent, sont battus, violés, mutilés, décapités : la cruauté, les Gaulois, ça les connaît !

Puis arrive le tour des pauvres. Les constructions populaires, souvent en torchis ou en bois, flambent aisément. Et, en peu de temps, les incendies me recouvrent d'une fumée dense. Des hurlements retentissent dans toute la ville. Des corps jonchent les rues. Des armes dégoulinent de sang. Des supplications, des prières désespérées fusent de partout. Les Gaulois sont intraitables. Pas de pitié, tout doit disparaître : tel est le mot d'ordre. Les moyens ? Illimités ! Saccages, pillages, lynchages, massacres collectifs, tortures personnalisées...

Mais, surprise ! sur la colline du Capitole, des Romains résistent encore et toujours à l'envahisseur...

19.

Les oies sortent le grand jeu

Les Romains qui se sont réfugiés au Capitole repoussent une première fois les Gaulois, qui attaquaient en rang serré, leur cri de guerre ébranlant la colline. Passablement vexés, les envahisseurs, qui se voyaient déjà en haut de la Ville, maîtres et seigneurs des lieux, sont contraints de s'organiser.

Ils tentent la guerre psychologique : ils réunissent les derniers survivants romains et les égorgent devant le Capitole. Histoire de prouver qu'ils sont décidés à aller jusqu'au bout. Donc, qu'il vaudrait mieux se rendre. Mais mes derniers défenseurs comprennent surtout que, s'ils se rendent, c'est ce sort-là qui les attend. Et, entre mourir déshonorés et mourir dignement, ils choisissent la seconde solution.

Alors, les Gaulois se résolvent à la guerre d'usure. Inutile de perdre de l'énergie ou des hommes : ils ont tout leur temps. Ils vont faire le siège de mes ultimes habitants...

Les jours passent. Affamés, assoiffés, démoralisés, les assiégés sont à moitié mourants sur mon promontoire. Les Gaulois le savent. Pendant qu'une partie d'entre eux se disperse dans la nature afin de ravitailler leurs copains (et de piller pour leur propre compte), une autre partie attend encore un peu que leur blocus ait produit tous ses effets. Les pillards subissent quelques pertes (Camille, l'ancien général, a repris du service), mais les intrus ont toujours de bonnes cartes en main. Et un soir, profitant d'une nuit sans lune, ils passent à l'action.

C'est bien joué : l'obscurité les dissimule. Et, là-haut, tout le monde dort, éreinté par les privations. Civils, soldats, sentinelles, chacun dort d'un sommeil lourd. Même les chiens se sont assoupis. La langue sèche, certains de mes habitants, en proie à la fièvre, ont sombré dans des cauchemars peuplés de monstres gigantesques et de dieux en colère. D'autres rêvent à des ragoûts de fromage (ce sera le plat préféré du grand écrivain Cicéron) et de viande froide accompagnés de force piquette. Fraîche, la piquette. Piquante. Et abondante. On songe avec nostalgie aux interminables festins organisés jadis en cachette des censeurs. On s'imagine crouler sous des tonnes de céréales. On salive même en souvenir du mauvais poisson salé, des olives flétries, du sel, de l'huile et du vin médiocres fournis quotidiennement à l'esclave, en temps normal. Qui eût cru qu'un jour de riches propriétaires envieraient les méchants repas de leurs plus humbles serviteurs ?

Pendant ce temps, les Gaulois escaladent les pentes du mont sacré. Aucune résistance. Un silence profond accompagne leur progression. Tout se déroule comme prévu. Jusqu'au moment où un vacarme effroyable se fait soudain entendre, alors que les barbares touchent au but : ce sont les oies du Capitole ! Les Romains les ont préservées et choyées soit parce que les prêtres lisent l'avenir dans leurs entrailles, soit parce qu'elles sont consacrées à la déesse Junon. Quelle que soit la raison, bien leur en a pris : réveillés en sursaut par le cri des volatiles, les plus vifs des assiégés bondissent sur leurs armes et partent repousser les Gaulois, décontenancés.

Très vite, le combat fait rage. Mais l'effet de surprise a changé de camp : il joue à présent en faveur des Romains, qui se sont regroupés autour de Lucius Manlius. Les Gaulois sont sidérés. Où est la victoire simple et tranquille qui leur était promise ? Dépassés par la riposte de mes habitants, beaucoup d'entre eux meurent, taillés en pièces ou jetés au bas de la colline. En moins de temps qu'il n'en faut pour l'imaginer, ils sont boutés hors du Capitole. Résultat des courses : Manlius est récompensé par ses troupes qui lui donnent de quoi manger ; le chef des sentinelles qui n'a pas fait son travail est tué ; et les Gaulois sont mal.

Mal parce qu'ils ont perdu. Mal parce qu'ils ont faim,

eux aussi : Camille bloque leur ravitaillement. Mal parce qu'ils sont malades : des épidémies les frappent et les cendres de la ville attaquent leurs poumons.

Alors, d'accord, je ne suis pas encore libérée. Loin de là. Il faudra pour cela de longues négociations, de violentes batailles et de sérieuses humiliations. Qu'importe : l'épisode des oies du Capitole restera célèbre, car il était moins une passée de cinquante-neuf secondes !

Je dois ma survie à un troupeau d'oies. En récompense, ces volatiles seront désormais sacrés. Chaque année, on les transportera à travers la cité sur des litières garnies de coussins. En même temps, on crucifiera des chiens sur des poteaux de sureau, pour punir la race de ceux qui n'ont pas veillé, le soir de l'attaque gauloise. C'est horrible ? Peut-être. Mais cela montre combien mes habitants ont eu peur de me perdre... et de disparaître avec moi !

20.

Les Romains choisissent Rome

Fument mes ruines, pleurent les survivants. Mes murs vibrent des lamentations des vaincus... vainqueurs *in extremis*. Oui, en me voyant dans un triste état, mes enfants se lamentent de tant de gâchis, de tant de morts. Exactement comme se sont lamentés les habitants de Véies[1], quand, après de longues années de luttes, mes armées avaient enfin pris possession de leur ville. Mes enfants en voudront des siècles et des siècles aux Gaulois, pour le spectacle de désolation que j'offre après leur invasion : demeures particulières éventrées, édifices publics et reli-

1. Véies était l'une de mes deux grandes concurrentes, à mes débuts. Après dix ans de lutte, elle fut prise en 396 avant Jésus-Christ.

gieux brûlés, immeubles collectifs détruits... Comment surmonter cette terrible épreuve ?

Deux solutions s'offrent à mes citadins. La première, que la plupart approuvent : aller habiter à Véies. Après tout, la ville est à eux. Il leur a fallu dix ans pour la mettre au pas, il serait peut-être temps d'en profiter. La seconde, que prône le dictateur Camille : reconstruire.

Camille, l'homme qui a fini par vaincre les barbares. L'homme injustement accusé. Le sauveur. Le politique décidé. Et le militaire qui, lorsqu'il veut quelque chose, s'en donne les moyens.

D'abord, Camille argumente : on a voulu me sauver, on a désespéré de me libérer, on a même proposé des sommes astronomiques aux Gaulois pour qu'ils décampent (ce qui a fait dire à Brennus : *« Vae victis ! »*, c'est-à-dire « Malheur aux vaincus ! », car ils ne peuvent que s'incliner devant les exigences de leur maître)... Et maintenant que je suis à nouveau aux mains des Romains, ceux-ci veulent m'abandonner ? Non mais, ça va pas la tête ?

Ensuite, Camille ajoute le geste à la parole. Il annonce que l'État offrira les tuiles aux bâtisseurs qui relèveront la ville. De plus, les reconstructeurs auront le droit de prendre leurs matériaux où bon leur semblera. Une seule condition, s'ils acceptent leur mission : que tout soit en état avant la fin de l'année.

Offrez à un maçon de quoi construire, et il rebâtira sa ville en quelques mois ! L'idée de Camille est un succès : je renais de mes cendres rapidement. Mais cette réussite est aussi un échec. À vouloir faire vite, on fait n'importe comment. Le résultat le prouve : pas de rues, des venelles obscures ; pas de belles habitations communes, des *insulae*[1] ; pas de constructions solides, de frêles maisons que les tempêtes emporteront facilement... De plus, les citoyens qui y trouvent refuge doivent s'estimer heureux !

Car il existe un quartier pire que les pires *insulae*. Situé sur la rive droite du Tibre, ce quartier mal famé – aujourd'hui appelé *Trastevere*, c'est-à-dire : « celui qui se trouve de l'autre côté du Tibre » – est alors l'endroit le plus dangereux de Rome. Le lieu où les maisons cèdent la place aux cabanes. Où se donnent rendez-vous tous les hors-la-loi, tous les esclaves en fuite, tous les trafiquants suspectés par les autorités. Pour s'y aventurer, il faut être fou... ou bien invité par la pègre afin de « parler affaires ». À moins qu'on n'ait été enlevé et qu'on ne soit maintenu en détention jusqu'au versement d'une forte rançon...

Décidément, reconstruire une ville n'est pas chose facile. C'est pourquoi les Romains du IVe siècle avant Jésus-Christ ont été tentés d'abandonner la leur. Cette tentation n'est pas un détail du tout. En effet, en choisissant de rester, les habitants manifestent leur attachement profond pour leur cité bénie des dieux.

Ils auraient pu aller vivre à Véies.

Ils auraient pu aller vivre à Fidènes.

Ils auraient pu aller vivre à Gabies.

Mais, ce faisant, ils auraient nié le caractère unique de Rome. Ils auraient renié les dieux, qui avaient décidé de

---

1. Les *insulae* sont des immeubles de mauvaise facture, facilement inflammables.

l'emplacement de la ville, dans leur immense sagesse. Et, estime Camille, ils auraient commis une erreur stratégique : si, en des décennies de combats, jamais les autres peuples n'avaient durablement vaincu les Romains, c'est que ceux-ci avaient un point d'ancrage fixe et assuré : leur ville sacrée. Moi.

21.

Un chapitre de Jeux

La tempête gauloise s'est apaisée. On m'a reconstruite – de bric et de broc, mais reconstruite quand même. Pourtant, mes habitants s'agitent. Notamment les plus pauvres d'entre eux, comme souvent...

Pour enrayer cette agitation, les patriciens font des concessions. Ils acceptent les plébiscites qui allègent les dettes des petits propriétaires. En souvenir du bon vieux temps, on rétablit le consulat en spécifiant qu'un plébéien pourra y accéder. Mais les consuls ne sont plus les seuls à me diriger, ce qui dilue leur pouvoir. D'autres charges importantes sont apparues : la dictature, la censure, la préture. Tous mes dignitaires (pas question qu'une matrone gouverne hors de son logis !) veillent au rétablissement puis au maintien de l'ordre, à mon approvisionnement et à l'organisation des festivités.

Et organiser des festivités, ce n'est pas la partie la moins considérable du pouvoir politique. Pour séduire les électeurs, c'est même la principale.

Mes habitants sont sensibles à tout ce qui prouve qu'on fait attention à eux : ils aiment qu'on leur installe des pare-soleil ; ils adorent se poser sur des bancs publics ombragés ; ils sont contents de pouvoir consulter l'heure aux nouveaux cadrans solaires ; et, bien sûr, ils raffolent des spectacles divers et variés - notamment des crucifixions. Mais ce qu'ils apprécient le plus, ce sont les Jeux.

Au cas où vous ne le sauriez pas, les Jeux existaient avant Coca-Cola et Gérard Holz. Ils existaient avant qu'on invente des compétitions aussi stupides que le beach-volley ou le softball. Ils existaient avant qu'on ait besoin de vérifier, grâce aux contrôles antidopage, que les gens ne s'empoisonnaient pas trop. Pour tout dire, ils existaient de mon temps, et ils existaient même avant la République. Il s'agissait alors de cérémonies censées amuser les dieux.

Pour cela, les Jeux respectaient un rituel qui est longtemps resté immuable. À l'époque de la royauté (celle dont parle notamment la légende), ils s'ouvraient par des courses de chevaux. Le premier cheval arrivé avait gagné... le droit d'être tué. On utilisait son sang pour me purifier. C'était un hommage rendu aux puissances célestes : on sacrifiait le meilleur animal, le plus beau et le plus rapide. Les dieux étaient heureux, et les hommes protégés.

Mais, attention ! les Jeux ne faisaient que commencer !

Toujours pour plaire aux dieux, on organisait de longues processions sacrées qui, peu à peu, ont évolué. Ces défilés se sont transformés, jusqu'à devenir des pièces de théâtre et, de fil en aiguille, essentiellement des farces. C'étaient les représentations préférées du public.

Mes habitants sont des gens normaux. Ils aiment rire. Or, rien ne fait autant rire un Romain que les gaffes d'un paysan égaré en ville, sinon les bêtises des personnages grassouillets au visage poupin qui ne pensent qu'à se goinfrer. Les plébéiens adorent aussi les miséreux bossus, qui se révèlent plus malins que les grands et beaux seigneurs : ils s'identifient un peu, vous voyez ? Et puis, quand la pièce se perd en infinis blablas, zéro tracas : ils abandonnent leur siège pour observer le montreur d'ours qui enchaîne les tours quelques mètres plus loin.

Pour changer de spectacle, ils n'ont même pas besoin de se lever : sous la République, les Jeux se regardent debout. Une scène et des gradins de bois démontables, c'est tout ce qu'on s'autorise en matière de confort. Mes habitants craignent de s'amollir s'ils s'affalent pendant un spectacle. C'est cela, pensent-ils, qui a conduit la civilisation grecque à sa perte.

Aussi, quand Pompée décide de construire le premier théâtre de pierre, en 55 avant Jésus-Christ, doit-il ruser pour obtenir l'adhésion des autochtones et des autorités. Il prétend que c'est une annexe du temple de Vénus, et non un théâtre ! Les Romains finissent par admettre que des gradins permanents, c'est pratique. En plus, faut le reconnaître, la position assise est plutôt agréable pour assister à des spectacles qui durent des journées entières ! Les vieux grincheux grognent. Grogner, c'est leur passe-temps, comme souffler pour le vent. Ils estiment :

1) que les temps ont changé (et pas dans le bon sens) ;

2) qu'à leur époque, c'était quand même autre chose (mieux) ;

3) que Rome court droit à sa perte avec ces mollassons...

Sauf que, malgré qu'ils en aient, ils ne sont pas les derniers à profiter de ces aménagements !

Petit à petit, l'oiseau fait son nid. Les Jeux s'enrichissent et se développent. On y voit désormais se succéder des courses de chevaux, des pièces de théâtre et des numéros de cirque, présentés dans des lieux de spectacle construits « en dur ». Les courses de chevaux notamment sont très appréciées par les amateurs de drague. Ovide[1] présente ainsi quelques suggestions pour profiter pleinement de ces occasions idéales pour une rencontre.

L'approche : « Assieds-toi le plus près possible de la jeune femme choisie, conseille-t-il, personne ne peut t'en empêcher. Que ton corps se presse contre le sien. C'est bien agréable que la taille réduite des places oblige la belle à se laisser toucher. »

La conversation : « Commence par énoncer des banalités : “À qui appartiennent les chevaux qui arrivent ?” demanderas-tu avec intérêt. Et, tout de suite, quel que soit le cheval qui a ses faveurs, choisis-le comme favori. »

Le contact : « Si, par hasard, comme cela peut arriver,

---

1. Ovide est un poète qui a vécu au Ier siècle avant et après Jésus-Christ. Il fréquente la haute société, mais finit exilé par Auguste loin de mes murs, pour une raison mystérieuse...

de la poussière tombe sur la poitrine de la jeune femme, il te faudra l'épousseter de la main. Et s'il n'y a pas de poussière, époussette quand même celle qui n'existe pas ! »

L'art d'avoir les yeux qui traînent : « Si la belle laisse pendre son manteau par terre, sans hésiter, soulève-le du sol crasseux. Immédiatement, tu auras la récompense de ton empressement : les jambes de la belle s'offriront à tes yeux sans qu'elle s'y oppose. »

L'art de jouer le fier-à-bras : « Fais attention au spectateur de derrière : qu'il ne heurte pas de ses genoux le dos délicat de ta voisine. Ces petites prévenances séduisent les cœurs tendres. »

Il paraît que certains continuent d'utiliser ces techniques millénaires dans les stades et les salles de spectacle, aujourd'hui...

Mais soyons sérieux, revenons aux Jeux. Il manque encore quelques petits détails pour que la fête soit complète. À vrai dire, ce ne sont pas exactement des détails : je veux parler des gladiateurs ! Ils manquent d'ailleurs jusqu'à 105 avant Jésus-Christ, et ils n'apparaissent pas d'un coup de baguette magique.

L'assassinat d'êtres humains par d'autres êtres humains n'est devenu une partie des Jeux que très progressivement. D'abord, on s'est contenté de sacrifier des prisonniers de guerre, en hommage à mes héros tués sur le champ de bataille. Ensuite, on a amélioré l'idée, en opposant deux par deux des criminels condamnés à mort, des esclaves en fuite et des citoyens ruinés. Enfin, on a introduit de véritables combats dans les Jeux.

Le succès est au rendez-vous. Un succès immédiat. Immense. Fulgurant. On se passionne pour ces spectacles d'un genre nouveau. Pronostics et commentaires fusent quand les adversaires pénètrent dans l'arène :

— Je mise tout sur le Samnite ! parie un spectateur en désignant un colosse impressionnant, armes en bandoulière, casque à visière vissé sur le crâne, long bouclier en avant et solide cuirasse couvrant un corps musculeux.

— Tu n'y connais rien ! rétorque son voisin avec un sourire de dédain. J'ai vu le Thrace à l'entraînement. Il n'en fera qu'une bouchée, de ton Samnite !

Le Thrace est armé plus légèrement que le Samnite. Muni seulement d'un bouclier rond et d'un poignard, il doit faire preuve d'adresse et d'endurance pour survivre. Mais, lorsqu'elles sont bien menées, ses attaques sont foudroyantes.

Cependant, même un Thrace expérimenté ne peut rien contre un rétiaire, si celui-ci parvient à l'immobiliser avec son filet. Entravé, il n'a plus qu'à attendre que le public ordonne sa mise à mort ou sa grâce. Si les hauts cris s'élèvent pour réclamer du sang, le rétiaire abat son trident sur le malheureux prisonnier, le tuant sans pitié. C'est la vie.

Aussi horrible qu'il puisse nous sembler, le combat de gladiateurs est très aimé de mes habitants parce qu'il réunit l'exercice du corps (le sport, dirions-nous) et le spectacle. Chacun des lutteurs donne tout ce qu'il a, puise dans ses plus profondes réserves pour garder la vie sauve ;

et cette générosité nécessaire dans l'effort émeut profondément.

Les historiens notent que, hors de l'arène, par exemple à la guerre, les gladiateurs ne font pas de bons combattants. Comme si, sans les cris d'encouragement de dizaines de milliers de Romains, leur vigueur s'étiolait...

Mais, si les gladiateurs symbolisent pour nous les Jeux, aux côtés des courses de chevaux, des bateleurs et des saltimbanques, le public républicain est difficile à contenter, et il demande toujours des émotions plus fortes. Les animaux féroces le comblent. Que seraient des Jeux sans lion, sans panthère, sans taureau ? Des demi-Jeux, à peine dignes d'intérêt !

Surtout que mes dirigeants regorgent d'imagination quand il s'agit de concevoir de nouveaux divertissements... On peut ainsi :

1) opposer un lion à une panthère, une panthère à un taureau, et un taureau à un homme ;

2) s'amuser à jeter aux bêtes en furie des mannequins de forme humaine, qui se font déchiqueter pour la plus grande joie de mes habitants ;

3) envoyer des meutes de chiens affronter des fauves ;

4) lancer des chasseurs à la poursuite de sangliers furieux, qu'ils combattent l'épieu à la main ;

5) introduire de nouveaux animaux sauvages pour faire sensation. Parmi ces raretés, les rhinocéros se taillent – si je puis dire – la part du lion. « Promené dans toute l'arène, rapporte Martial, le rhinocéros a procuré un spectacle inattendu. Quelle terrible colère l'enflammait, la corne

pointée en avant ! Quel taureau monstrueux, pour lequel un taureau n'est qu'un mannequin ! »

Les Jeux réunissent donc une multitude d'attractions. Mais ceux qui les attendent avec le plus d'impatience, ce ne sont pas les spectateurs : ce sont les organisateurs. Car ils jouent dans l'arène leur destin politique...

22.

Jouer, c'est sérieux !

Le destin politique d'un notable dépend souvent du succès des Jeux qu'il organise. Il doit y montrer sa munificence, sa générosité, son envie d'être mon chef et sa capacité à contenter le peuple.

Et ça marche ! Au XXe siècle, on a retrouvé sur les murs des graffitis apposés à l'approche des élections. Les tagueurs anonymes y chantent les louanges des meilleurs édiles.

L'un des notables y est, par exemple, félicité parce qu'il a organisé une procession au Forum, avant de présenter des taureaux, des toreros et leurs seconds, ainsi que des troupes de lutteurs. Ce n'est pas tout : dès le lendemain, raconte cette inscription enthousiaste, l'édile a proposé,

« à titre personnel » (c'est-à-dire à ses frais), d'autres numéros (trente paires d'athlètes, quarante paires de gladiateurs, une chasse, de nouveau des taureaux, de nouveau des toreros, des sangliers, des ours...). Fin du fin, se délecte le tagueur, cet homme merveilleux a donné au Trésor public, en remerciement pour son mandat, dix mille sesterces. Donné, pas volé. Décidément, mes habitants ont de quoi vous sembler étranges...

Pourtant, devant ces dépenses énormes, une évidence s'impose : ne me gouverne pas qui veut ! Il faut en avoir les moyens. C'est en partie pour cela que les textes qui relatent les fastes romains citent peu de plébéiens parmi les notables : d'une part, ces notables doivent vaincre l'opposition farouche des patriciens ; d'autre part, ils doivent être très, très riches...

Quand on pense aux sommes folles que nécessitait l'organisation de tels événements, on comprend la rage des petits paysans qui, pendant ce temps, vivent dans la misère. Alors que quelques patriciens jouissent d'une fortune spectaculaire, nombreux sont mes habitants lourdement endettés.

Marcus Manlius Capitolinus, l'homme qui a fomenté la contre-attaque du Capitole contre les Gaulois, est patricien. Et plutôt aisé. Ça ne l'empêche pas de se rendre compte de la situation. Il propose une remise des dettes générale. Il explique que, au fond, les créanciers (ceux qui ont prêté de l'argent) n'ont pas besoin des sommes qu'ils réclament à leurs débiteurs (ceux qui leur doivent de l'argent). Mais il a oublié cette vérité générale : un créancier n'abandonne *jamais* son argent. Jamais. Sinon, il se dessécherait, comme un stylo sans capuchon.

Les autres patriciens, parmi lesquels de grands créanciers, accusent Manlius Capitolinus de vouloir devenir un tyran en séduisant le peuple avec des discours irréalistes. « Il leur met dans la tête des idées délirantes pour que, après, les pauvres se révoltent contre nous ! » clament-ils.

La crainte est si forte que les hommes au pouvoir font arrêter Manlius Capitolinus. Pour montrer à quel point sa perfidie est grave, on le jette du haut de la roche Tarpéienne. C'est depuis cette paroi vertigineuse, portant le nom de Tarpéia, qu'avait été jetée la jeune traîtresse qui avait ouvert mes portes aux Sabins ; c'est aussi de là qu'on avait balancé le chef des vigiles du Capitole, après l'attaque des Gaulois...

Le corps de Manlius Capitolinus virevolte dans le vide, puis se déchiquette contre les rochers et finit par se fracasser tout en bas. Triste fin pour celui qui fut un héros !

Et maigre consolation pour ses défenseurs : ses idées en faveur de la plèbe ne disparaîtront pas avec lui. En effet, en 367 avant Jésus-Christ, les lois de Licinius marqueront la victoire de la plèbe : les postes importants (appelés les « magistratures ») seront partagés entre les citoyens. La mort de Manlius Capitolinus aura au moins servi à faire prendre conscience de la situation, évitant ainsi que n'explose la communauté mal unie que forment mes habitants...

23.

À nous les petits Samnites !

La lutte pour le pouvoir est un sport qu'apprécient mes riches citadins.

Depuis que Tarquin le Superbe a été renversé, je suis passée d'un pouvoir unique, celui du roi, à des pouvoirs variés, qui excitent bien des appétits. Mon peuple n'est pas en reste : il exige de participer activement à mon gouvernement. En 287 avant Jésus-Christ, la loi Hortensia lui donne satisfaction. Elle dit qu'un plébiscite a la même valeur qu'une loi votée, par exemple, par les seuls sénateurs.

Cela ne signifie pas que la République romaine est devenue une démocratie. Truquer un plébiscite n'est pas difficile. Voici quelques idées pour éviter les mauvaises surprises :

1) appeler au vote quand certains électeurs *a priori* hostiles au projet ne peuvent pas se déplacer – ainsi des paysans, à l'époque des moissons ;

2) changer les listes de votants (longtemps, ceux-ci sont inscrits par les plus riches… qui s'arrangent donc pour choisir les « citoyens » qui dépendent d'eux pour survivre) ;

3) donner carrément de l'argent aux électeurs en échange de leur vote ;

4) menacer les électeurs de châtiments si le résultat n'est pas conforme à ce qu'on en attend ;

5) se tromper – oups ! quel étourdi ! – en comptant les « oui » et les « non » ;

6) manquer de « oui » (ou de « non ») au moment de distribuer de quoi voter aux électeurs ;

7) ne pas faire voter par la plèbe les réformes qu'elle a peu de chances d'accepter ! C'est encore le plus simple et le plus efficace…

Malgré toutes ces dérives, les lois hortensiennes montrent que le peuple romain s'identifie à moi, participe à ma vie, et veut défendre son point de vue sur la bonne manière de me gouverner, quitte à affronter l'hostilité de quelques notables.

On se bat donc à l'intérieur de mes murs, mais aussi à l'extérieur : même s'il m'en coûte de l'admettre, les faits prouvent que je ne suis pas seule au monde. Au début de la République, je réunis une simple peuplade du Latium.

À la fin du Ve siècle avant Jésus-Christ, mes ennemis traditionnels (Volsques, Sabins, Èques) sont matés ; las, d'autres gredins résistent à ma domination.

Les Étrusques, notamment, contrôlent des points stratégiques du Tibre, le fleuve sur lequel je suis bâtie. Heureusement, mes hommes ont pris Véies et Fidènes, ce qui a agrandi mon territoire : cinq régions, dont les habitants forment cinq « tribus », ont été créées... et nous avons récolté un beau butin. Désormais, les rois du Tibre, c'est nous et personne d'autre.

Mais je n'ai pas achevé ma croissance ! Dans un premier temps, je compte m'approprier toute la péninsule. En attendant mieux. Les peuples voisins sont battus ou obligés de s'allier avec moi. J'absorbe des cités comme Tusculum, Caere ou Tarquinia. Pas de ma faute, vraiment. Juste dans ma nature. Ce que mes habitants appellent « la *majestas* ».

Ma majesté ne suffit pas à rendre modestes les Samnites, qui tentent leur chance contre moi. Ils viennent du Sud et commencent par se prendre une bonne série de corrections. Pourtant, ils s'obstinent. Grands dieux, qu'ils sont têtus !

Et leur obstination finit par payer : en 321 avant Jésus-Christ, ils infligent à mes hommes une défaite si humiliante qu'elle est restée dans notre vocabulaire courant. C'est la défaite des fourches Caudines, qui porte le nom de la région de Cadium où sont écrasées les légions. Mon armée, consul en tête, est contrainte de passer, tête baissée, sous les lances (les « fourches ») des vainqueurs. Vingt-trois siècles plus tard, « passer sous les fourches Caudines de quelqu'un » veut encore dire « subir une sacrée humiliation ».

En 314 avant Jésus-Christ, forts de ces premières victoires contre la « ville qui monte », Samnites, Étrusques, Ombriens et Marses s'unissent pour prendre possession de moi. Mais les dieux ne leur sont pas favorables. Manquerait plus que ça ! Mes armées se remettent à gagner. Leurs victoires s'enchaînent, et il ne faut pas plus de vingt-cinq ans pour que le territoire que je contrôle s'étende de la mer Tyrrhénienne à la mer Adriatique, couvrant 25 000 km^2. Pour donner une idée, c'est deux fois la taille de l'Île-de-France. Progressivement, cet immense espace s'organise en « colonies » et en « municipes », qui doivent me fournir impôts et jeunes soldats.

Virgile[1] résume bien l'attachement du Romain à sa cité quand il s'écrie : « Souviens-toi, Romain, d'imposer aux peuples ton Empire ! Tes arts à toi sont d'édicter les lois de la paix entre les nations, d'épargner les vaincus, de dompter les rebelles ! »

Tout un programme, qui fait sûrement froid dans le dos aux adversaires de la ville...

1. Virgile est un poète latin du Ier siècle avant Jésus-Christ, l'un des plus appréciés de son temps. Il est l'auteur de la célébrissime *Énéide*.

24.

Place aux Romains, place !

À cette période de ma vie, tout me sourit : je m'étends sans cesse, je m'organise plutôt intelligemment, je réduis à néant mes ennemis. Et je n'ai pas prévu d'arrêter de m'épanouir. C'est une manie, chez moi. Comme un réflexe. Il faut que je bouge et que je dévore mes voisins.

Il n'y a qu'une chose qui m'agace. Un détail. De riches cités grecques de la péninsule, dont la belle Tarente, me résistent. Je trouve cela un peu osé ! Alors, en 280 avant Jésus-Christ, je décide de laver l'outrage : avec moi, mes dirigeants arrivent à la conclusion qu'il faut détruire Tarente.

Pour y parvenir, les stratèges romains ne s'embarrassent pas de réflexion trop poussée : ils imposent le blocus de la ville. Rien n'y entrera, personne n'en sortira. Mais il y a un hic : Tarente est un port. Il ne suffit donc pas de couper les routes terrestres. On doit aussi s'assurer qu'aucun ravitaillement, que nul renfort, n'arrive par la mer.

— Et alors ? Il est où, le problème ? rétorquent mes stratèges aux sceptiques.

Et, effectivement, des navires de guerre romains investissent le golfe tarentin. Une solide troupe garde le tout. La chute de Tarente n'est qu'une question de jours. À moins qu'un miracle ne se produise...

Les Tarentins y croient. Ils réussissent à alerter Pyrrhus, le roi d'Épire, célèbre pour la férocité de ses troupes. Celui-ci écoute avec intérêt l'émissaire tarentin plaider sa cause.

— Ô Pyrrhus ! lui dit celui-ci. Tu ne permettras pas que Tarente disparaisse. Tu ne permettras pas aux Romains d'accroître indéfiniment leur territoire et leur population. Tu ne permettras pas à ces orgueilleux de s'approcher autant de tes frontières. Tu ne permettras pas qu'ils menacent la gloire que tu t'es bâtie à force de courage et de vertu, de bravoure et d'intelligence. Non, ô Pyrrhus, tu ne le permettras pas ! Et la ville de Tarente, dont tous les voyageurs ont dû te vanter les richesses, n'oubliera pas que c'est à toi, ô grand roi, qu'elle doit sa liberté...

Voilà Pyrrhus dans tous ses états. Le type parle bien (enfin, chacun ses goûts...) ; il flatte son orgueil ; il lui rappelle que, si je deviens trop puissante, lui-même en souffrira : il habite en Sicile, c'est-à-dire pas très loin ; et en plus, voilà qu'on lui promet de belles récompenses en or... L'affaire est entendue. On va voir ce qu'on va voir !

Le roi rassemble ses mercenaires et fait route vers Tarente. Par l'odeur du butin alléchée, la troupe de Pyrrhus se presse, accompagnée d'une vingtaine d'éléphants. Un éléphant qui charge, ça effraie énormément. Alors vingt... En plus, des hordes de soldats de métier, assoiffés de gloire et d'argent, ont hâte de passer derrière les pachydermes pour donner le coup de grâce à tous ceux qui n'ont pas encore été écrasés.

Mes glorieux soldats l'apprennent à leurs dépens. Ils subissent de lourdes pertes. En une année, ils se retrouvent défaits à deux reprises. Pyrrhus va bientôt l'emporter définitivement et, alors, c'en sera fini des rêves de domination totale qui animaient mon armée. À moins qu'un miracle ne se produise, en faveur de mon camp, cette fois...

C'est ce qui arrive. Carthage menace la Sicile. Pyrrhus, qui vient de donner une leçon cuisante à mes soldats, pense avoir accompli l'essentiel du travail dans la péninsule ; il repart donc aider les siens. Quelle fougue ! Mais, surtout, quelle erreur ! Car le combat contre Carthage le retient plusieurs années loin de Tarente. Lorsque le général revient dans la péninsule, mon armée le bat à plate couture et met en pièces ses soldats.

Pyrrhus, la tête basse, s'en va, laissant Tarente à son sort inéluctable : être investie par les Romains. Il n'est pas encore né, celui qui ramènera mes habitants à la maison...

Quelques mois plus tard, en effet, Tarente est bel et

bien prise. Mes soldats s'en donnent à cœur joie. Quant à moi, je grandis encore.

Et, comme pour les « fourches Caudines », une expression garde la trace de cette histoire. On appelle « victoire à la Pyrrhus » une victoire chèrement acquise... et pas toujours durable !

25.

Aux armes, citoyens !

Vous aimez les films d'action, avec plein de bagarres et de combattants ultrapuissants ? Dans ce cas, franchement, mon histoire doit vous plaire. Pas besoin d'en rajouter : mes habitants sont tout le temps en guerre ; l'armée est donc très importante... et jamais pareille. Au fur et à mesure que le temps passe, elle fait comme moi : elle évolue.

Au début, être soldat est un honneur réservé à ceux qui possèdent au moins un petit quelque chose – un champ ou une maison, par exemple. C'est un devoir de riches. Les pauvres n'ont pas le droit d'intégrer l'armée. On les appelle « les prolétaires » – un mot qui vient de *proles*, « la lignée ». Comme leur nom l'indique, on les prend pour de pauvres hères qui ne peuvent m'aider que d'une seule manière : en faisant des gamins.

Pourquoi ne peuvent-ils pas être soldats ? Parce qu'ils risqueraient de me trahir. Alors que les riches, au moins, ont des intérêts matériels à défendre. Ils ne laisseront pas des étrangers détruire leur maison ou leurs terres ! Au contraire, les soldats se battent avec d'autant plus de rage qu'ils sont propriétaires et ne veulent pas qu'on touche à leur bien.

Vous en doutez ? Je vois. Alors, faites travailler votre imagination. Supposez que vous ne possédez rien. Une grande bataille va commencer dans quelques heures. Voyons les choses en face. Votre avenir est nul. Et pourrait s'arrêter bientôt. Vous risquez de vider vos entrailles sur le champ de bataille, de ne plus jamais revoir votre épouse et vos charmants bambins : tout ça pour protéger quoi ? Rien, puisque vous ne possédez rien. Alors, pour aider qui ? Personne, sinon ceux qui vous exploitent et tirent tout le profit de votre travail. Reconnaissez-le : votre motivation est nulle.

C'est à ce moment qu'un émissaire des ennemis parvient à se glisser discrètement dans le camp militaire où vous vous morfondez. Supposez à présent qu'il vous propose de vous remettre quelques pièces à condition que vous vous vengiez de ceux qui vous envoient au casse-pipe. Pour cela, il vous suffit de vous retourner contre mes dignitaires, et de laisser l'ennemi (devenu l'ami) s'emparer des maisons des riches. Évidemment, il vous promet qu'il ne touchera pas un cheveu à ceux qui vous sont chers, et qu'il mettra en place un régime qui vous sera beaucoup plus favorable. Tentant, non ?

Si. Avouez.

Voilà pourquoi on n'accepte pas de pauvres dans mon armée. En tout cas, pas au début. En plus, ça tombe bien : les riches sont les seuls à avoir assez d'argent pour s'équiper !

L'armée, alors, ressemble à une police, chargée presque exclusivement de faire régner l'ordre et de me défendre. Mais, progressivement, on se met à exiger d'elle des activités qui ne sont pas de son ressort. Et c'est ainsi qu'on en vient à lui demander d'aller conquérir d'autres territoires, sous prétexte de mettre au pas des voisins qui font obstacle à mon rayonnement. La fonction de l'armée change. Sa taille aussi.

D'abord, elle ne comprenait que quatre mille hommes, dont les plus riches combattent à cheval ; voilà qu'elle prend de l'ampleur et s'organise en centuries, manipules et légions. À date fixe, on désigne les soldats qui seront effectivement en service parmi tous ceux qui sont mobilisables. Comment ? Par tirage au sort. Le tirage au sort est juste. Il n'a rien de scandaleux, car le « sort » est une des manières dont les dieux se manifestent. Pour les Latins, *chance*, *sort*, *destin* et *fortune* sont quasiment synonymes.

Quand le besoin de bras devient pressant, en plus des « chanceux », on a l'extrême bonté d'accepter des volontaires, même s'ils ont l'audace d'être pauvres. Et, si la patrie est en danger, on va jusqu'à enrôler – quelle générosité ! – ceux qui n'ont pas été tirés au sort, y compris, dans les cas gravissimes, les esclaves. Cependant, lorsque tout va bien, l'armée n'est composée que de « chanceux » (les soldats tirés au sort) et de volontaires, qui servent du printemps à l'automne. Le reste du temps, elle n'existe pas.

C'est alors que surviennent les guerres contre Carthage. On les appelle « les guerres puniques » (en latin, *poenus* veut dire « carthaginois ») ; avec elles, mon armée va prendre une tout autre dimension...

26.

Une patrie très serrée

La guerre punique ? Ça devait arriver. Oh, bien sûr, en apparence, Carthage et moi, c'est une longue histoire d'amour. J'exagère. Beaucoup. Disons qu'on s'entend bien. En apparence. Pas le choix : je domine l'Italie, Carthage le commerce vers l'Ouest. On signe régulièrement des traités commerciaux entre nous. Carthage a ses spécialités ; moi aussi.

Mais je me méfie de cette ville. Elle est redoutable. Par son audace, elle a forcé Pyrrhus, il n'y a pas si longtemps, à céder Tarente aux Romains alors qu'il était sur le point de l'emporter... Ce n'est pas n'importe quoi. Quant à moi, je grossis sans cesse. Boulimique ? Peut-être. Je préfère dire « ambitieuse ». Or, pour alimenter mon corps en croissance, j'ai besoin de m'ouvrir toujours plus de voies commerciales.

Carthage sent venir le coup. Pas bête, la chouette, elle se méfie autant de moi que moi d'elle ! D'autant que je ne peux pas dissimuler mes objectifs. L'année où je prends possession de Tarente, je me mets en tête de contrôler le détroit de Messine, entre la Sicile et la pointe sud de l'Italie. Carthage craint de voir ses routes maritimes coupées. Elle réagit en investissant la Sicile. Inutile de vous dire que je n'apprécie pas, mais alors pas du tout, cette réponse de la bergère à la fille des bergers ! J'estime qu'elle équivaut à une déclaration de guerre. Et je me lance dans la bataille.

Enfin, *la* bataille... C'est ce que j'espérais. Mes soldats aussi : quand ils débarquent, ils comptent massacrer les garnisons ennemies et faire main basse sur du butin facile. Quelques semaines doivent suffire. En réalité, il faudra vingt-trois ans pour que la guerre touche à son terme. Vingt-trois ans de luttes. Sur l'eau et sur terre. En Afrique et en Sicile. Nécessitant l'envoi de quelque deux cent cinquante mille soldats romains sur place. Bref, la partie est serrée, si bien que ma patrie doit se serrer la ceinture !

Je vous passe les retournements de situation pour arriver de suite au plus important : le dénouement. C'est moi qui gagne. Je vire les troupes carthaginoises de la Sicile, et j'y fonde ma première province. Puis, bien lancée, j'en profite pour étendre mon territoire à la Sardaigne et à la Corse.

Autant dire que j'ai besoin de bras pour :

1) pacifier mes conquêtes récentes et y assurer une présence forte ;

2) préparer mes prochaines batailles ;

3) me prémunir contre les futurs adversaires...

L'objectif immédiat, c'est donc d'augmenter mes effectifs. Pour cela :

1) on abaisse l'impôt minimum que devaient verser les citoyens avant d'intégrer l'armée ;

2) on donne une solde à chaque soldat, y compris aux plus riches, pour les inciter à se consacrer entièrement à la carrière militaire ;

3) à l'occasion, on recourt aux services des mercenaires étrangers, guerriers beaucoup plus redoutables que les vélites[1].

C'est sûr, depuis mes débuts, l'armée a bien changé. Et, forcément, certains trouvent qu'elle a changé en mal. Il est loin, en effet, le temps où défendre sa cité envers et contre tous était un privilège réservé aux Romains les plus nobles ! Cependant, la nouvelle situation n'a pas que des inconvénients.

— Auparavant, le soldat supportait mal de devoir servir à ses frais la République, s'exclamait l'ambitieux Appius Claudius après le siège de Véies. Il se réjouissait de cultiver son domaine pendant une partie de l'année et de récolter de quoi se nourrir, lui et les siens pendant les périodes de paix et de guerre. Qu'il accepte donc de bon

1. Les vélites sont de jeunes Romains de famille pauvre, qui accompagnaient les légionnaires.

cœur d'être éloigné pendant un certain temps de sa maison et de ses biens, puisqu'il n'a plus de dépense importante à supporter !

Désormais, certes, mon armée n'est plus composée d'amateurs richissimes amoureux de leur patrie, à l'exclusion de tous les pauvres. Mais, puisque ses membres sont payés pour en faire partie, ils doivent s'y consacrer sans aucune arrière-pensée matérielle ! Face aux adversaires qui guettent mon moindre faux pas, je vais avoir besoin de toutes les forces disponibles pour soutenir des luttes sans merci.

Car celles-ci, le contraire aurait étonné, ne vont pas tarder à reprendre...

27.

Massacres à gogo : le retour

Pendant les vingt ans qui suivent la guerre, Carthage et moi allons nous reconstruire. Notre confrontation nous a épuisées. Les auteurs qui m'aiment bien, comme Polybe[1], disent que c'est surtout Carthage qui a souffert : la défaite a vidé les caisses de la ville. J'ai pas mal ponctionné le trésor et les richesses de mes ennemis, ce qui est la moindre des choses. Résultat : ses mercenaires ne sont pas payés. Alors, ils se révoltent et entraînent les peuples de Libye à leur suite. Mal leur en prend : les historiens racontent que

1. Polybe est un historien grec du IIe siècle avant Jésus-Christ. C'est l'un de mes plus grands fans. Pour lui, ma domination s'explique par mes qualités morales, religieuses, institutionnelles, militaires et économiques… et un chouïa grâce au hasard. Je suppose que, venant de lui, c'est un compliment.

Hamilcar a écrasé la révolte... et notamment les révoltés. Les éléphants du général carthaginois ont piétiné quarante mille mécontents. Pas très beau à voir.

Et moi, comment je vais ? Merci de me le demander. C'est une très mauvaise question. Sur le coup, je prétends que tout va bien. Il vaut toujours mieux prétendre que « ça va », non ? Toutefois, avec le recul, je reconnais qu'il m'a fallu du temps pour récupérer, à moi aussi. Afin de me remettre de la guerre, par exemple, je dois même repartir en guerre, c'est dire. Les historiens rappellent ainsi que j'ai commis quelques petites joyeusetés, l'année même de ma victoire sur Carthage. Bon, je l'admets, j'ai massacré quinze mille alliés qui habitaient la cité de Faléries. Et rasé leur ville. Et confisqué la moitié de leur territoire. Et je me suis installée sur leurs anciennes positions.

D'accord.

Pourquoi pas. Je ne chipoterai pas sur les chiffres. On dit « quinze mille » ? Admettons. Quinze mille morts. J'aurais dit un peu moins, mais... soit.

Dans ce cas, il faut quand même préciser que ce sont les Falisques qui avaient commencé ! Ils refusaient de me fournir ce que je leur demandais : des hommes et de l'argent pour mon armée. C'était quand même pas le bout du monde, diaule[1] à la fin ! Je suis sympa, en général. Les gens me trouvent pleine d'humour, sexy, avenante, tolérante. Plutôt sympathique en somme. Mais aussi très

1. La diaule est une flûte antique. Comme certains auteurs de bande dessinée, je n'ai pas le droit d'écrire trop de gros mots dans ce livre.

forte. Alors, on peut discuter, il faut juste éviter de m'énerver.

Bien.

Quand j'ai réglé les menus détails du genre Falérics, je savoure les troubles de Carthage. Je profite de la paix pour :

1) asseoir ma domination en m'assurant de la fidélité de mes alliés ;

2) grandir : j'occupe désormais la plaine du Pô ;

3) m'organiser : je transforme mes « colonies » en « petites Rome ».

Jusqu'alors, en effet, les colonies étaient surtout des places fortes qui assuraient une présence de soldats romains sur tout mon territoire. Voilà qu'elles deviennent à présent des annexes de la ville modèle – moi. Les vaincus sont expulsés ; leurs terres sont distribuées à mes citoyens.

Ça tombe au poil ! Ceux-ci, en effet, sont super nombreux. Une vestale avait même été condamnée, pendant la guerre de Sicile, parce que, un jour qu'elle se promenait dans les rues de Rome, elle s'était énervée contre la présence de trop de Romains. Elle avait souhaité qu'ils allassent tous se faire égorger à la guerre. Vœu incivique. Vingt-cinq mille as à payer au Trésor.

Cependant, mes habitants sentent qu'ils peuplent *très* densément mes rues. Comme ils réclament des propriétés et que, à l'intérieur des murailles, tout l'espace est occupé, on les invite à partir coloniser le monde. C'est ainsi que soixante mille citoyens quittent mes murs pour investir la région de Rimini. Là-bas les attend la place « laissée » par le peuple des Sénons. La vestale mise à l'amende a dû être contente : soixante mille passants en moins, chic !

Il n'empêche que la situation reste tendue, après guerre. Le moindre mot peut entraîner des conséquences étonnantes. Un jour, par exemple, un oracle affirme que les Gaulois et les Grecs me conquerront. Alors, pour conjurer le sort, on enterre *vivants* deux Grecs et deux Gaulois sur la place du marché aux bœufs. Ainsi, des Gaulois et des Grecs ont bien pris possession de mon sol... sans être trop dangereux pour moi.

C'est que, dans mes murs, la prudence est de mise. Régulièrement, les exécutions de condamnés permettent à mes habitants de me purger des pires d'entre eux. Un autre jour, par exemple, un de mes citoyens a fait l'amour avec une vestale, ce qui est interdit. Le grand pontife commence par torturer les esclaves de l'accusé. Leur mission : avouer ce que le juge attend d'eux. Les exclamations connaisseuses des spectateurs donnent le tempo : « Bravo ! », quand l'accusé résiste bien à la douleur ; « Wouououh ! », quand il se révèle trop douillet pour le goût de l'assistance.

Vient alors l'heure du châtiment sur le Forum. Le pontife monte sur une estrade. Le condamné est attaché à un poteau, entouré des musiciens, des licteurs (ce sont des officiers qui portent une hache entourée de lanières en bois) et du crieur public, eux-mêmes entourés par la foule. L'important est que, de la sorte, le mal est circonscrit, limité aux deux cercles de spectateurs – ce qui va permettre de l'éliminer dans les règles de l'art.

Pour cela, le pontife donne l'ordre aux bourreaux de faire leur boulot. Les trompettes sonnent, et les juges se cachent une partie du visage avec leur toge.

L'exécution peut commencer pour de bon. Elle est longue et douloureuse : on frappe le coupable sur *tout* le corps avant de le décapiter. Ensuite, quand il est mort, on continue ! On mutile le cadavre : on lui enfonce un crochet dans la chair, et on le traîne par terre jusqu'au Tibre, sous les regards et les cris enflammés de la foule.

Je sais. Ça paraît horrible. Encore pire que les gladiateurs. Mais c'est la façon rituelle, presque religieuse, que mes habitants avaient mise au point pour extraire le mal du milieu d'eux. Quitte à vous choquer, je ne veux pas les juger. Les insulter. Deux millénaires après, c'est toujours facile de critiquer. De se scandaliser.

Chaque époque a ses « trucs » pour punir les criminels. On enterre des gens jusqu'à la taille et on les bombarde de pierres ; on assassine des meurtriers présumés en les électrocutant, en les empoisonnant ou en leur tirant une balle dans la tête. Et on trouve ça normal. Alors, même si vous êtes choqués par ce que j'ai raconté, je ne pense pas qu'il faille mépriser trop vite mes citoyens !

D'autant qu'ils agissent dans un contexte troublé. J'ai battu Carthage, mais Carthage tente de se relever. D'abord parce que, là-bas, on n'a pas beaucoup apprécié la défaite. Et ensuite parce qu'ils n'aiment pas me voir profiter, grossir, m'élargir. Ça ne leur dit rien qui vaille.

C'est alors qu'entre en scène un personnage étonnant : Hannibal, fils d'Hamilcar Barca. En 219 avant Jésus-Christ, ce tout jeune général (seulement vingt-cinq ans) s'empare de Sagonte. Et il n'a pas l'intention de s'en tenir là. C'est moi qui l'intéresse. Il rêve de me soumettre, comme tout bon stratège – et c'*est* un bon stratège.

Mais, du rêve à la réalité, il n'y a pas qu'un pas : il y a plusieurs mers, des milliers de kilomètres, des hectolitres de sang, des années de privation, des centaines de membres amputés, des morts comme s'il en pleuvait... et peut-être pour rien.

28.

Le général en particulier

Parlons un peu de mon nouvel ennemi. Selon Tite-Live, c'est un homme qui « a toute la fougue de la jeunesse sans les scrupules du sage ». Il lui reconnaît quelques talents : il ne se saoule pas, il ne craint pas les températures extrêmes, il ne se laisse pas aller à la débauche. Ce qui, pour mes citoyens, est une qualité : à l'origine, mes moralistes valorisaient surtout la tempérance, la retenue, la simplicité. Des vertus essentielles pour mon peuple qui, au départ, regroupait des paysans et des soldats.

On donne souvent en exemple Caton, qui, bien qu'il fût un riche propriétaire, travaillait et mangeait avec ses esclaves. Un beau geste d'humilité, de simplicité, d'endurance ? D'accord. Mais il ne faut pas oublier que, au nom de cette même morale rigoureuse, Caton était capable de jeter dehors un esclave malade : à quoi bon nourrir quelqu'un qui ne sert à rien ? Pas de pitié. Ni pour soi, ni pour les autres.

Hannibal est du même genre. En pire. Il fait montre d'une extrême exigence vis-à-vis de lui-même. Ainsi, Justin[1] notait que, entouré de mille captives, loin de profiter de ses prisonnières comme n'importe quel général, il « resta chaste, au point qu'on eût cru qu'il n'était point né en Afrique » !

Sobre et cent pour cent mesuré, le général est un parfait militaire.

Après avoir avalisé cette maîtrise de soi, Tite-Live précise que « ses grandes qualités n'avaient d'égal que ses énormes défauts : cruauté inhumaine, perfidie, rien de sincère, rien de sacré, aucune crainte des dieux, aucun respect des serments, aucun scrupule religieux ». Tite-Live exagère. En recoupant d'autres témoignages, on comprend que ce jeune homme (il a vingt-cinq ans) n'était simplement pas un rigolo. Éduqué dans la tradition de Sparte, il privilégie la fin sur les moyens : ruser et mentir ne le dérange pas si cela lui permet d'atteindre son but. Ce qui est choquant chez un Romain.

En décrivant ainsi mon ennemi, Tite-Live définit mes valeurs, par opposition aux défauts d'Hannibal : la justice contre la cruauté, la droiture contre la perfidie, l'honnê-

1. Justin est un historien latin du IIe siècle après Jésus-Christ qui s'est signalé en écrivant un condensé d'une longue *Histoire* écrite par un autre. Avec modestie, il intitula son énorme *best of* (quarante-quatre livres quand même)... *Histoire universelle* !

teté contre la félonie, le respect des dieux et de la parole donnée contre le mépris des puissances tutélaires et des promesses... Dès lors, l'historien ne raconte pas seulement la deuxième guerre qui m'a opposée à Carthage : il raconte aussi la guerre du Bien contre le Mal. Lorsque j'attaque Hannibal et sa clique, je me défends, et je défends aussi les dieux et la justice.

Pour Tite-Live, le conflit qui se prépare est très important. Au point qu'il lui a consacré dix livres de son *Histoire romaine*, sur les quarante qui nous sont parvenus. Dix livres pour raconter une guerre, même si elle a duré dix-huit ans, c'est beaucoup... surtout quand on sait qu'il a suffi à l'historien d'un seul livre pour raconter les sept premiers siècles de mon existence !

Reste que cette guerre, effectivement, est fondamentale. Car ce n'est pas une énième guerre qui se déroule devant mes portes. C'est la véritable première guerre mondiale. Outre les Romains et les Carthaginois, quatre autres peuples sont impliqués dans le conflit : les Grecs, les Africains, les Ibères et les Celtes.

La bataille promet d'être sanglante. En effet, elle va bouleverser l'équilibre des grandes puissances. Et, sans trop en révéler, je crois pouvoir dire dès maintenant qu'elle a tenu ses plus sinistres promesses.

29.

La mort sûre du jeune loup

Avec les jeunes, il faut se méfier. Ils peuvent être redoutables. Surtout au début, quand ils sont frais et gorgés d'énergie, tels des brugnons aux joues rebondies. Hannibal en est un exemple : la deuxième guerre punique commence vraiment quand il traverse la Gaule pour me tomber dessus à bride abattue.

Sur son passage, le gredin aux dents longues est rejoint par des mercenaires gaulois, qui doublent le nombre de ses fantassins. Il en profite pour semer la haine et la révolte sur son passage. Et c'est moi qui récolte ce qu'il a semé ! Des peuples qui étaient mes alliés, comme les Insubriens et les Boïens, se soulèvent. Ma belle unité se fendille...

Pendant l'hiver 218 avant Jésus-Christ, mes dignitaires

envoient des légions pour mater le général. Celui-ci mord dans mes soldats et les déchiquette sans faire de quartier. Ma belle armée est croquée par le jeune loup et ses sbires, qui deviennent synonymes de « mort sûre » pour mes enfants. La suite le prouve.

En -217, le lac de Trasimène, au nord de Rome, rougit : dix à quinze mille Romains, massacrés sur ses rives, y déversent leur sang.

En -216, deux consuls décident d'affronter Hannibal. Nouvelle défaite romaine, à Cannes cette fois : quarante-cinq mille Romains sont tués, vingt mille sont faits prisonniers. Et le spectacle qu'offre cette défaite n'est pas encourageant. Si vous n'aimez pas les descriptions horribles, sautez les deux prochains paragraphes. Sinon, vous verrez que j'étais tombée très, très bas... et mes défenseurs aussi.

« Là, écrit Tite-Live à propos du désastre cannois, gisaient des milliers de Romains, fantassins et cavaliers, pêle-mêle, comme le hasard les avait réunis dans le combat. Certains, se levant tout sanglants du milieu des cadavres, réveillés par le froid du matin qui pinçait leurs plaies, furent achevés par l'ennemi. On en trouva gisants, qui étaient vivants mais avec les tendons des cuisses et des jarrets tranchés. Offrant leur nuque ou leur gorge, ils demandaient qu'on les vide de ce qu'il leur restait de sang. On en découvrit qui avaient la tête enterrée dans le sol. On voyait bien qu'ils avaient eux-mêmes creusé ces trous et que, en se couvrant le visage de terre, ils s'étaient étouffés.

» Ce qui attira le plus tous les regards, ce fut un Numide que, de dessous un Romain mort, on retira vivant, le nez et les oreilles déchirés : le Romain, dont les mains ne pouvaient plus tenir une arme et dont la colère s'était transformée en rage, avait lacéré l'ennemi avec ses dents avant de mourir[1]. »

Bien sûr, les chiffres et les descriptions sont « indicatifs », comme on dirait aujourd'hui ; ils expliquent néanmoins que mon armée a été battue à plate couture, subissant de très lourdes pertes. À plusieurs reprises.

Or, ma force, c'est, d'une part, une armée nombreuse et, d'autre part, un territoire bien organisé. L'armée nombreuse ne suffit pas ; et mon territoire cède. Des villes alliées, effrayées par l'avance inexorable d'Hannibal, passent du côté punique. Bref, tout semble perdu...

1. D'après une traduction de François Hinard.

30.

Carthage persiste et saigne

Hannibal semble en bonne voie pour m'écraser, le faquin. Heureusement, le général punique connaît des échecs, dieux merci !

1) Il ne contrôle aucun port.

2) Certaines cités lui résistent.

3) Les renforts tardent.

Résultat : le doute et la fatigue commencent à s'installer dans ses troupes.

Il n'en faut pas davantage pour me revigorer : ne soyons pas hypocrites, les mauvaises nouvelles de mes ennemis sont de *bonnes* nouvelles ! Comme je ne manque pas de bras (ça n'a pas que des désavantages d'être très peuplée), j'en trouve encore quatre cent mille (soit deux cent mille hommes !) pour tenter de retourner la situation.

Pendant un bon moment, malgré le courage de mes soldats, Hannibal continue son avancée vers mes remparts sacrés. Heureusement, Scipion l'Africain l'emporte à Sagonte et à Carthagène, grâce à des trésors de stratégie... et un peu de chance (ça ne se joue pas à beaucoup !). Et, bientôt, les succès de mes soldats se multiplient. Voilà Hannibal isolé dans le sud de l'Italie. Pendant ce temps, attaqué en Afrique, l'Empire punique s'écroule définitivement.

En 201, Carthage cède, livre ses bateaux, donne ses éléphants, verse des tributs énormes, abandonne des territoires considérables, perd tout pouvoir politique et m'envoie cent otages, choisis parmi les hommes les plus prestigieux de la cité, afin de prouver *concrètement* sa soumission. J'ai fini par gagner !

Mais... il y a des « mais ».

Souvent, en effet, on a rêvé à cette guerre en se plaçant du côté des généraux, que ce soit le jeune Hannibal, beau, brillant (enfin, au début de la guerre : à la fin, il a pris un bon coup de vieux), et tristement vaincu ; ou le remarquable Scipion l'Africain, le vainqueur adulé, subtil et expérimenté d'un ennemi puissant.

Cependant, faire la guerre, c'est bien plus que diriger des gens. C'est, par exemple :

1) enfermer des sénateurs dans des thermes avant d'y mettre le feu ;

2) publier des listes de traîtres à abattre par tous les moyens ;

3) piller des maisons et assassiner des savants (Archimède[1] est le plus célèbre d'entre eux) ;

4) tuer par centaines les meneurs antiromains livrés par les villes reconquises ;

5) asservir des dizaines de milliers de civils coupables d'avoir vécu dans des cités adverses – quel scandale, en effet ! – ;

6) enterrer vivants des couples d'ennemis, avec leurs enfants...

Bref, mes citoyens, proches ou lointains, se défoulent. Ils s'acharnent sur ceux qu'ils ont battus. À leur tour de crier : « Malheur aux vaincus ! »

Mais ils subissent eux aussi les conséquences de ces dix-huit années de souffrances :

D'abord, la moitié des soldats engagés dans le conflit ont péri. C'étaient en majorité les paysans, enrôlés en masse et mal préparés.

Ensuite, la vie entre mes murs s'est désorganisée : ceux qui habitaient autour se sont réfugiés à l'intérieur des remparts. Cet afflux de population aggrave la misère des quartiers pauvres, où s'installent les nouveaux venus.

Enfin, les campagnes sont ruinées, les champs dévastés, et de nombreux agriculteurs sont morts. Résultat : l'approvisionnement est difficile ; les propriétés agricoles

1. On raconte qu'un général romain avait ordonné qu'on épargne le savant. Mais celui-ci, absorbé par ses recherches, aurait été tué par un soldat agacé de ne pas obtenir de réponse à ses questions.

se concentrent dans les mains de riches profiteurs ; les situations d'extrême misère se multiplient.

Pour trouver de l'argent frais, on demande aux propriétaires riches d'en avancer. Ensuite, ceux-ci se chargent de récolter l'impôt, ce qui entraîne maints abus et moult fraudes. Apparaît alors le personnage le plus abhorré de la République : le publicain, qui est chargé de collecter l'impôt et le rend très lourd pour gagner beaucoup d'argent.

Certes, la deuxième guerre punique s'est soldée par la défaite de Carthage, et je suis désormais la seule grande puissance de cette région du monde ; mais ma victoire a un goût amer. Mon corps gigantesque est affaibli, marqué par de profondes cicatrices et des douleurs plus intimes : pour moi (trahison de certains alliés) et pour mes membres (mort de nombreux proches). Mon seul objectif, pour le moment, n'est plus la guerre ou la domination. C'est de guérir. Et, en 200 avant Jésus-Christ, je ne suis pas du tout sûre d'y parvenir un jour...

31.

Carnage à Carthage

Après ma victoire, j'ai grandi. Encore. C'est signe de santé ! Mais que faire de Carthage ?

Pour Caton, comme toujours, une option unique est envisageable : piller la ville conquise ; puis brûler les maisons sans oublier d'éliminer les habitants pour éviter qu'ils ne se vengent ; et surtout, surtout, il ne faut pas s'attarder dans cette province perverse pour ne pas être « pollué » par des idées ou des habitudes de vie différentes des miennes. On racontait de mes généraux que « là où ils font un désert, ils appellent cela “la paix” ».

Je n'en ai pas besoin, explique-t-il. Mes soldats ont gagné parce que je suis parfaite. Mon gouvernement est le meilleur.

1) Les magistrats sont élus par le peuple réuni en comices. Les plus pauvres, ceux qui payent un cens[1] inférieur à 11 000 as, restent exclus. Voilà qui arrange les très riches, mais aussi les petits-bourgeois, qui ont une peur bleue de ceux qu'ils considèrent comme des parasites !

2) Une fois élus, les magistrats consultent les dieux, dirigent l'armée, président les assemblées, font voter les lois, rendent la justice, émettent des édits – le tout sous l'œil plus ou moins vigilant des sénateurs. Le peuple a son mot à dire, les gouvernants sont de vrais chefs : c'est l'i-dé-al. Qu'est-ce que d'autres cultures pourraient m'apporter, franchement ?

À chaque séance du Sénat, Caton répète donc inlassablement : « *Carthago delenda est !* », ce qui veut dire : « Il faut détruire Carthage ! » Pour lui, raser cette ville serait plus prudent que d'en faire une énième colonie. A-t-il raison ? A-t-il tort ? Les partisans du « pour » et du « contre » s'affrontent.

Scipion, puis Paul-Émile pensent eux aussi que je dois ma victoire à ma perfection. J'aime quand on dit du bien de moi ! Cependant, ils arrivent à une conclusion différente de celle de Caton. Pour eux, je dois vivre avec mon temps, donc évoluer, dialoguer avec d'autres civilisations, en tirer des enseignements pour enrichir mon mode de vie.

Ce débat tombe pile au bon moment. C'est en effet le temps des choix. Maintenant que je suis grande, que

---

1. Le cens est une sorte de re*cens*ement des Romains, qui permet de connaître leur nombre et leur fortune.

vais-je devenir ? Dois-je désormais rester comme je suis, tout en assurant ma domination sur les peuplades étrangères dont j'ai déjà triomphé ? ou dois-je m'attaquer à cet immense espace qui s'ouvre à moi, qu'on appelle « le monde », et qui peut m'apporter des richesses... mais aussi de nouveaux dangers ?

Pas facile de trancher car, en 200 avant Jésus-Christ, je suis au centre du monde. Eh non, cette fois, je n'exagère pas. Des preuves ?

1) Sur les rives de la Méditerranée et en Orient, de petits royaumes grecs se font sans cesse la guerre, ce qui les amène souvent à solliciter mon soutien.

2) En Europe, des Ibères et des Celtes résistent encore et toujours à la pacification (ou à l'invasion, c'est la même chose) de mes soldats. Mais ce n'est qu'une question de temps...

3) En Afrique, le roi numide voudrait bien unifier l'Afrique du Nord, et j'hésite à intervenir...

4) Quant au reste du monde, là, c'est simple il est romain.

Au fond de moi, je sais que je ne resterai pas longtemps en place. Je suis déjà prête à me battre pour assurer ma victoire et imposer partout la paix. Ma paix. Ma domination. Pour cela, une seule exigence : être la meilleure sur tous les plans. Partout. Ce que je suis, non ? Alors je re-re-re-repars au combat.

D'abord, je m'assure de dominer toute l'Italie, jusqu'à Aquilée. J'en profite pour sécuriser les mers en envoyant par le fond les pirates de l'Adriatique.

Ensuite, je soumets définitivement Carthage. La ville recommençait à frémir. Scipion Émilien se charge de mater les rebelles. La cité cède très vite. Elle est détruite. Ses habitants sont vendus. Mes opposants puniques s'auto-punissent : ils se suicident.

Ensuite *bis*, je me décide à créer une province en Afrique. J'y parviens, et je creuse un énorme fossé pour marquer la frontière avec le puissant voisin de Numidie.

Ensuite *ter*, j'entreprends de mater l'Espagne. Quelques légions sont déjà sur place, mais, comme mes soldats pillent, violent et tuent sans merci, la population se révolte. Pas de chance pour eux : Scipion Émilien, le vainqueur de Carthage, débarque en Ibérie, et il n'est pas content. Il écrase la révolte des Celtibères, qui occupaient le centre du pays, et prend Numance, la dernière place forte.

Ouf ! ça fait du bien, quelques bonnes vieilles victoires des familles ! Je vais nettement mieux. On est en 133 avant Jésus-Christ, et je maîtrise le nord de l'Afrique, l'Espagne et l'Italie. Reste le sud de la Gaule. Aussitôt dit, presque aussitôt fait : je fonde à Narbonne une importante colonie. Voilà qui est excellent.

Mais ça ne suffit pas : je continue d'élargir mon emprise à l'est. Mes soldats remportent des tas de batailles en Grèce et en Égypte. Mes marchands en profitent pour s'éparpiller tout autour de la Méditerranée, étendant ainsi mon influence commerciale. Et, au cas où vous jugeriez que le récit de mes exploits perpétuels est lassant, je me permettrai de citer Polybe : « Se pourrait-il qu'on soit assez borné, assez indifférent pour refuser de s'intéresser à la question de savoir comment et grâce à quel gouvernement l'État romain a pu, chose sans précédent, imposer sa domination à toute la Terre habitée ? On peut sans doute éprouver une curiosité pour d'autres spectacles et d'autres genres d'études, mais trouvera-t-on rien qui soit plus profitable que la connaissance de cette période ? » Hein, trouvera-t-on ? Eh bien, laissez-moi vous dire ma conviction : non.

D'autant que, malgré mes succès, je ne suis pas préservée à cent pour cent. Après les problèmes extérieurs, de graves difficultés font de nouveau craindre le pire à l'intérieur de mes murailles. Eh oui, la République, ma République triomphante est en danger !

32.
Des soucis et des hommes

Pendant les guerres, les affaires continuent...

Certains de mes grands propriétaires ont profité de ces périodes troublées pour racheter des terres agricoles à des veuves de soldats et à des familles dans le besoin. Résultat : il y a, dans mes murs et autour, d'immmmmenses domaines – et beaucoup de miséreux qui auraient bien aimé avoir un petit lopin pour cultiver deux-trois légumes, et survivre. Comme ils ne sont pas près de l'obtenir, ils m'abandonnent en pensant que, de toute manière, ailleurs, ça ne peut pas être pire pour eux...

Quand Tibérius, un tribun de la plèbe, les voit partir, il réagit : si jadis j'étais trop peuplée, voilà que, à présent, je me vide de mon sang... au sens propre ! Car qui dit

« moins d'habitants » dit « moins de soldats » ; et qui dit « moins de soldats » dit « moins de gloire ». Alors, Tibérius prend la défense de ces pauvres gens. Il s'écrie :

— Même les bêtes sauvages ont un endroit où vivre et dormir ! Nos soldats, eux, ne possèdent que l'air et la lumière. C'est scandaleux !

Ce qui l'inquiète, surtout, c'est que ces soldats pourraient bientôt en avoir assez qu'on les prenne pour des imbéciles... et donc se révolter.

— On leur dit qu'ils sont les maîtres du monde, ajoute-t-il, et ils n'ont même pas une motte de terre à eux !

Tout Romain a besoin d'être propriétaire ne serait-ce que d'une infime partie de mon corps, afin de *faire corps* avec moi, d'être habité par mon souffle sacré... et d'être prêt à mourir pour moi.

Oh, *a priori*, je suis plutôt forte. Des dieux venus d'ailleurs prêtent même main-forte aux divinités locales. Grâce à eux, mon destin est entre de bonnes mains. Régulièrement, le long des rues, défilent des prêtres au crâne rasé, enveloppés dans des robes jaune vif, rendant un culte à Isis ; les adeptes de la grande mère phrygienne arpentent mes artères en se fouettant au rythme des gongs. Un spectacle à voir, franchement.

Des dizaines d'autres dieux me protègent avec efficacité : l'argent afflue. Je suis riche du butin que l'armée a ramené. Les pièces d'or abondent, les œuvres d'art affluent, les prisonniers vendus comme esclaves sont nombreux. Parmi eux, certains ont de la chance – si ! C'est le cas de Livius Andronicus. Fait prisonnier lors de la prise de Tarente, il a été adopté par un noble et a reçu une solide éducation. Vingt ans plus tard, mes dignitaires lui demandent d'écrire un hymne en l'honneur de la ville qui l'a kidnappé. Il s'exécute : « À Rome, son prisonnier reconnaissant... »

Il faut dire que je mérite largement les plus belles louanges, sans exagérer. Je contrôle une grande partie du monde. Mes habitants ne peuvent évoquer qu'avec mépris ceux qui ne vivent ni dans la ville ni dans ses colonies, par exemple juste avant le fleuve Océan, censé marquer la limite du monde.

Là-bas, dit-on, existent des peuples barbares sans foi ni loi, cité ni culture, chef ni dieu. Leur mets préféré serait, dit-on, la chair humaine braisée. Certains d'entre eux, étranges, se nourriraient simplement du parfum des fleurs. Ils ne mangeraient qu'un jour sur deux. Ils n'auraient qu'un œil sur leur tête de chien et pas de cou. Ils auraient des yeux dans les épaules. Ils seraient unijambistes, ce qui ne les empêcherait pas de courir à toute vitesse. Ils seraient couverts de plumes. Ils verraient mieux la nuit que le jour. Bref, ils seraient HORRIBLES. On voit qu'ils ne vivent pas au cœur de ma civilisation !

Aux antipodes de ces êtres vils, bas et mythologiques, mon habitant type cultive son idéal. Lui, ce qu'il veut, c'est jouir d'une belle maison principale entre les murailles sacrées et avoir une petite maison à la campagne (que les Romains appellent tout simplement *villa*). Là-bas, en écoutant murmurer un ruisseau et siffloter quelque volatile moqueur, il s'adonnera aux plaisirs de l'oisiveté. Son emploi du temps : commencer par ne rien faire, éventuellement bouquiner un peu, pour se reposer des frénésies romaines ; puis rester allongé et méditer, toujours sans rien faire, les yeux clos ; poursuivre par une petite promenade champêtre, afin de vérifier si les paysans ont bien cultivé la terre pendant que lui ne faisait rien ; et, après une solide collation, terminer en s'étendant sur une couche confortable, d'où il dictera quelques lettres pleines de maximes profondes à de lointains amis. Pas mal, comme programme...

Pour l'accomplir, une seule condition, mais de taille : être riche. La richesse a de nombreux avantages. Parmi les plus importants, elle permet de n'avoir aucune obligation bassement matérielle. En clair : pas besoin de travailler. Or, rares sont mes habitants à pouvoir rester allongés le matin en gémissant :

— Qu'est-c'que j'm'ennuie !

En effet, de moins en moins de riches deviennent de plus en plus riches ; tandis que les pauvres, de plus en plus nombreux, eux, sont de plus en plus pauvres. Et ils n'ont vraiment pas le temps de s'ennuyer...

Fort de ce constat et inquiet pour la cohésion de mon peuple, Tibérius décide de changer la donne : il propose une « loi agraire ». C'est un texte qui interdit de posséder de très grandes exploitations et répartit les champs libres entre les citoyens. Évidemment, les riches propriétaires n'y sont pas favorables. Genre pas du tout du tout. Et re-évidemment, le sang ne va pas tarder à couler.

Avouez que ça faisait longtemps.

33.

L'absent a toujours tort

La réforme agraire de Tibérius réserve quelques drôles de surprises. Octavius est un tribun de la plèbe, comme Tibérius. Il devrait soutenir à fond son collègue. Pourtant, poussé par les grands propriétaires, il met son veto sur la loi agraire.

Dès lors, les événements s'enchaînent très vite. Tibérius, furieux, destitue Octavius. C'est interdit. Élu par le peuple, un tribun est intouchable. Mais Tibérius estime qu'Octavius a porté atteinte à mes intérêts et qu'il ne mérite plus de me gouverner. Grâce à ce coup de force, la loi est votée. Les ennuis peuvent commencer.

Quelques mois plus tard, ça ne rate pas ! Des cris retentissent dans la Ville : Tibérius et trois cents de ses amis sont tués. Caius Gracchus, le petit frère de Tibérius, ne perd pas un instant pour occuper le devant de la scène. Comme son aîné, il veut me rendre aux Romains, au grand dam des aristocrates. Volontaire et énergique, il multiplie les mesures concrètes : il fait appliquer la loi agraire, il distribue du blé aux pauvres, il fournit aux légionnaires leur équipement gratuitement, il développe les colonies pour que je ne risque pas d'être surpeuplée, et il tente de réorganiser la justice, ce qui effraye les sénateurs. Or, quand les sénateurs sont effrayés, ils n'hésitent pas : ils frappent. Caius est assassiné en 121 avant Jésus-Christ.

Presque aussitôt, les lois que les deux frangins avaient imposées sont annulées. Appien[1] estime même que, « à la mort de Caius, la situation redevient pire qu'avant Tibérius ». En effet, les riches profitent du changement politique pour se venger et reprendre ce qu'ils ont perdu ! Mais l'œuvre des deux frères n'aura pas été inutile. Elle aura servi à dessiner un nouveau type d'homme providentiel capable de me diriger : généreux, désintéressé, audacieux, cet homme se soucie du lien qui m'unit à tous les Romains (et pas qu'aux plus aisés).

À la mort de Caius, deux clans s'opposent chez les représentants politiques : les *populares*, qui veulent revenir aux lois favorables à la plèbe ; et les *optimates*, qui veulent conserver leurs privilèges.

---

1. Appien est un historien romain (IIe s. après Jésus-Christ) qui a eu une idée de génie : pour présenter mon immensité et ma diversité, il a raconté mon histoire géographiquement (par régions) et non chronologiquement (au fur et à mesure de mon développement).

Pour réconcilier tout le monde, la solution ne peut venir que d'un coup d'éclat militaire. Et, en effet, un général, Marius va me remettre sur les rails en devenant consul. Normal : Salluste[1] raconte que le prêtre chargé de lire un sacrifice offert par Marius affirma au chef de l'armée que, « assuré de l'appui des dieux, il devait entreprendre ce qu'il projetait et tenter la fortune le plus souvent possible, car tout lui serait favorable ». Difficile de rêver d'un meilleur horoscope !

Fort de cette prophétie encourageante, mon nouveau patron commence par briller là où la noblesse a échoué : en Afrique. Jugurtha, prince de Numidie, défie la puissance romaine depuis si longtemps... Les généraux qu'on envoie pour le combattre sont nuls ou, pire, achetés par le prince lui-même.

Marius, lui, prend le taureau par les cornes. Il décide de gonfler ses rangs. Il ouvre l'armée à tous ceux qui veulent s'engager. Désormais, être soldat devient un métier. Une activité de professionnels. Séduits par les discours et les manières de Marius, les volontaires accourent, et les légionnaires se serrent les coudes.

Salluste explique comment le général s'assure la fidélité aveugle de ses troupes : « Il donne à ses soldats tout ce qu'on prend. Il attaque des forteresses et des places fortes mal défendues. Il livre des combats nombreux, mais légers, à différents endroits. Ainsi, les nouvelles recrues s'habituent au combat sans avoir peur, elles voient que les

1. Salluste (Ier s. avant Jésus-Christ) est un homme politique sans scrupule protégé par César. À la mort de celui-ci, il écrit sa version de mon histoire.

fuyards sont pris ou tués, et que les armes donnent la gloire et la fortune. En peu de temps, les nouveaux et les anciens soldats ne font qu'un, et le courage devient égal pour tous. » Il suffisait d'y penser !

La stratégie de Marius porte ses fruits : son armée se démène et défait Jugurtha.

Mais cette victoire n'est qu'un premier pas pour le consul. Il a redonné de l'éclat et de l'espoir à mon armée ; aussi se permet-il d'outrepasser les lois. Il est élu consul six fois d'affilée ; c'est légalement impossible, mais qu'importe ? Ne remporte-t-il pas à cette époque des victoires extraordinaires sur les barbares venus du Nord qui envahissent la Gaule ? Ça compense largement, non ?

Hélas ! non. Car, pendant ces combats, il s'absente de Rome, et ses partisans, moins habiles que lui, essayent d'imposer des lois dont personne ne veut. La ville se révolte, et Marius, pressé de toutes parts, se croit obligé de laisser massacrer ses opposants.

C'est le début de sa fin. Il n'est plus une idole intouchable. En s'éloignant trop longtemps de moi, il a commis une faute et compromis la belle unité de mes citoyens.

Faisant corps avec mes habitants, souffrant des mêmes maux, j'entre à mon tour en crise. À peine les opposants à Marius ont-ils été éliminés, les peuples de toute l'Italie se rebellent à leur tour. En effet, ils m'ont aidée à me défendre à de nombreuses reprises ; en échange, on leur a promis qu'ils seraient citoyens romains. Seulement voilà :

le danger passé, mes dignitaires refusent de tenir leur parole !

Pendant quatre ans, la guerre fait rage. Il y a un seul enjeu : d'un côté, acquérir le titre de Romain ; de l'autre, ne pas le donner. C'est dire la valeur presque magique que j'ai acquise aux yeux de mes voisins et de mes habitants.

Les carnages impitoyables le prouvent. Tout le monde veut être citoyen romain ; mais ceux qui le sont déjà veulent être les seuls à l'être ! Diodore de Sicile[1] résume ainsi la situation : « La victoire balançait de l'un à l'autre et ne se fixait sur aucun des camps ; aussi les victimes furent-elles innombrables chez les uns comme chez les autres. »

« De l'un à l'autre », « aucun des camps », « chez les uns comme chez les autres » : à trois reprises, Diodore insiste sur l'égalité des combattants et, partant, sur le danger qui me guette. Je ne semble pas plus forte que mes adversaires. On imagine le frisson qui devait parcourir Diodore quand il écrivait ces lignes... En tout cas, quelques millénaires plus tard, moi, j'en frémis encore !

Bon, je vous rassure quand même : je finis par l'emporter, non sans accueillir des milliers de nouveaux citoyens. Résultat : je ne ressemble plus à rien ! Mon gouvernement convient à une grande ville ou à un petit État, mais pas à un territoire qui ne cesse de s'étendre. En plus, le nombre de mes compatriotes a beau exploser, mes institutions ne

1. Diodore de Sicile (Ier s. avant Jésus-Christ.) est un riche aristocrate très conscient de l'importance de sa caste. C'est un grand historien qui écrivait en grec.

changent presque pas. C'est comme si j'avais le corps d'un adulte et la tête d'un nourrisson. Difficile de marcher, dans ces conditions ! La suite des événements va le confirmer...

34.

Il faut bien choisir ses thermes !

En relisant ces derniers chapitres, je m'en veux. À force de vouloir être honnête, j'ai dit beaucoup de mal de moi. Beaucoup trop. Ça suffit.

Non mais c'est vrai, quoi, vous risquez d'oublier que, à cette époque, je ne suis pas si horrible ! Parce que, bon, on peut dire du mal des riches, n'empêche, ils ont aussi de bons côtés ! Ils ont par exemple érigé mes rues de monuments splendides, destinés à rendre gloire aux dieux (et surtout destinés à montrer leur propre grandeur)... Des temples, des portiques, des basiliques ont fleuri aux quatre coins de la cité, et l'on ne compte plus les salles de réunion couvertes, dont les Romains apprécient le confort, tant les jours de pluie que les jours de canicule. Un peu comme on apprécie les préaux, à l'école, quand on veut disputer une bonne partie de ping-pong alors qu'il tombe des cordes...

Pourquoi construire de tels monuments ? Parce que, chez moi, le luxe n'est bien toléré que lorsqu'il profite à chacun. Aussi a-t-on particulièrement soigné l'aménagement du Forum, où tout le monde continue de se retrouver.

Toutefois, le Forum n'est pas le seul lieu de discussion. Aux thermes aussi, l'on débat beaucoup. *A priori*, les thermes ne sont que des « bains publics » alimentés par des aqueducs spécifiques, et souvent agrémentés de salles de musculation. D'ailleurs, ils s'appelleront « bains » jusque sous l'empereur Auguste, en 28 avant Jésus-Christ. Cependant, ce sont surtout des lieux d'échanges. Parfois sexuels : les hommes se baignent (nus) dans les mêmes bains que les femmes (nues) jusqu'au IIe siècle après Jésus-Christ. Mais pas seulement...

Quand il y pénètre, le baigneur laisse ses vêtements au vestiaire et prend son nécessaire de toilette : huile, éponge, strigile – le gant de crin de l'époque. Puis il passe par une salle glacée, le *frigidarium*. Je la décris en un mot : *brrr*...

Une fois que le baigneur s'est un peu nettoyé, il passe dans une salle tiède où l'eau est à 25 °C. Et, quand il se sent prêt, il investit l'étuve, une salle chauffée à 40 °C. Là, il y a plein de baignoires où l'on peut plonger ou puiser de l'eau pour s'asperger... tout en discutant !

Certains thermes sont imposants. Ainsi, dans ceux que construira Caracalla, la salle glacée est gigantesque afin que tous les clients soient à l'aise pour y deviser. Car, pour mes habitants, qu'ils soient hommes ou femmes (quand il n'y a pas de bains séparés, il y a des horaires réservés pour que les deux sexes ne se croisent pas), adultes ou enfants, riches ou pauvres, les thermes sont un lieu privilégié de rencontre : on peut s'y promener, vaguer sur les terrasses ou dans les jardins environnants, faire quelques courses dans les boutiques voisines, et même parfois lire dans des bibliothèques... à condition de savoir lire, évidemment !

À la fin du IIIe siècle avant Jésus-Christ, mes plus grands bains peuvent accueillir trois mille visiteurs chaque jour. Voilà pourquoi ils sont bien plus que de simples lieux d'hygiène publics. Ce sont de grands endroits d'échanges. On peut :

1) s'y donner rendez-vous, car les bains sont ouverts de midi jusqu'au soir ;

2) y discuter avec un voisin qu'on ne connaît pas (à l'époque, on pouvait adresser la parole à son voisin sans qu'il ait peur qu'on l'agresse) ;

3) s'y retrouver pour tenir des conversations animées – qu'elles soient politiques ou sentimentales ! –, parfois entamées ou poursuivies (ou les deux) sur le Forum.

Construire, aménager, m'embellir pour le bien de tous mes habitants fera donc toujours partie des préoccupations de mes enfants les plus riches et de leurs chefs, même les plus égoïstes (une belle ville, c'est bon pour leur gloire !).

Mais, pendant les travaux, la guerre continue...

35.

La ruée vers la mort

J'ai à peine réglé mon problème avec mes voisins italiens que je connais de nouveaux soucis ! Cette fois, c'est loin de mes murailles que les troubles éclatent.

En Asie, un roi, Mithridate, agacé par l'attitude de mes soldats, passe à l'attaque. Il envahit la Cappadoce, une région contrôlée par mes légions, et massacre les troupes de mes défenseurs massées dans les environs. Puis il capture mes dignitaires, les humilie avant de les torturer de façon aussi odieuse qu'originale : il fait couler de l'or en fusion dans leur gorge (gloups !). C'est ce qu'il a trouvé de mieux pour montrer aux peuples du coin :

1) que je ne suis pas invincible ;

2) qu'il sait comment me battre ;

3) que, avec l'aide de ses voisins, il peut me mettre au pas ;

4) et qu'il vaut mieux être de ses amis, car côté bourreau, il ne craint pas grand monde.

Quand le Sénat comprend que la situation est grave, il réagit et envoie en Asie un consul nommé Sylla. Celui-ci part laver mon honneur en Orient… et apprend que, suite à des manœuvres politiques compliquées, il s'est fait chiper son commandement au profit de son pire ennemi. Encouragé par des auspices favorables, il volte et se dirige vers mes murs à la tête de trente-six mille hommes. Scandale : un Romain *me* menace à la tête de *mon* armée !

Il franchit même le *pomoerium*, mon enceinte sacrée, avec ses soldats. C'est pour mon bien, dit-il. Mais mes habitants n'apprécient pas. Ce qui n'empêche pas le surpuissant Sylla de remettre de l'ordre (c'est-à-dire *son* ordre) dans mes rues. Ensuite, il repart pour régler enfin son compte à Mithridate.

Dans les mois qui suivent, son pire ennemi, Marius, ferme les portes de la ville pour massacrer tranquillement les partisans de Sylla, et il s'empare du pouvoir. À gros dur, gros dur et demi !

Pour me gouverner, il faut être prêt à tout. Par exemple, à :

1) égorger les vieux et les bébés ;

2) violer les femmes et les fillettes ; et

3) trucider sans remords.

Ainsi, Cicéron explique même qu'on ne peut plus marcher dans les temples car les dalles sont couvertes de sang, donc glissantes. Certains partisans de Sylla préfèrent se suicider. Tel ex-héros s'enferme dans une chambre pleine de fumée de charbon et meurt empoisonné ; tel autre s'ouvre les veines et s'effondre sur l'autel de Jupiter, commettant un blasphème horrible dont les vrais coupables sont ses ennemis.

Pendant ce temps, Sylla a fort à faire avec un Orient en folie. Mithridate a senti que ses premiers succès pouvaient en appeler d'autres. De plus, comme mes enfants ne semblent pas au top de leur forme, il décide d'en profiter en organisant un énorme massacre. Il fait passer un message demandant aux habitants des cités romaines d'éliminer tous mes enfants en un jour. Mes pauvres petits ne meurent pas tous, mais beaucoup sont frappés : on parle de quatre-vingt mille morts infligées par des meurtriers impitoyables.

Car, quand le signal est donné, c'est la ruée. Sans crier gare, les tueurs égorgent ou noient les plus jeunes sous les yeux de leurs parents... avant d'éventrer les adultes. Quand mes représentants comprennent le sort qui les attend, ils se réfugient dans les temples. Mais leurs ennemis n'ont cure du caractère sacré de ces enceintes. Des archers y pénètrent et criblent les fuyards de flèches. Quand leurs carquois sont vides, ils tirent les survivants hors du temple pour les décapiter, et se contentent de leur couper les mains quand celles-ci s'accrochent aux statues.

Ces gens dont on répand le sang, ce ne sont pas des militaires. Non, ce sont des marchands, des artisans, des citoyens paisibles. Et les voilà torturés, mutilés, assassinés par leurs voisins ou leurs amis, simplement parce qu'ils ont commis un crime irréparable : être liés, de près ou de loin, à moi.

De tels crimes ne peuvent rester impunis. Surtout qu'une offensive militaire de Mithridate les accompagne. L'hiver 87 avant Jésus-Christ, Sylla se lance contre son ennemi, à qui, jusque-là, tout (ou presque) a réussi.

Le général romain fait le siège d'Athènes. Laisse ses soldats piller et tuer à tour de glaive. Rase certains quartiers. Expédie chez moi la bibliothèque d'Aristote, le célèbre philosophe grec. Récupère des renforts. Remporte, grâce à son sens de la ruse, une victoire brillante à Chéronée, ce qui énerve beaucoup Mithridate et vaut à Sylla le titre d'*imperator*, titre de gloire que décernent les soldats à leur chef dans les grandes occasions. Enchaîne les succès. Laisse ses officiers terminer le travail. Puis revient à la maison d'un pas très décidé...

36.

Il est venu, le temps des dictateurs…

Quand Sylla revient dans mes murs, il ne fait pas dans la dentelle. Fort des défaites infligées à Mithridate, il organise un plébiscite qui le proclame dictateur pour une durée illimitée.

Encore un scandale ! Oh, qu'il soit dictateur n'est pas un problème : la dictature est prévue dans mes lois. À l'époque, ce mot n'a pas le sens qu'il a pris aujourd'hui. Il désigne un pouvoir ponctuel, contrôlé par des règles précises. Seulement voilà, Sylla se soucie des restrictions comme de sa première toge. Sa loi, c'est la loi du plus fort ; et, si ce n'est pas la meilleure, c'est sûrement la plus efficace.

Pour l'établir, il ne recule devant rien. Il emploie

notamment la « proscription ». C'est une façon originale de se débarrasser de ses ennemis ; Sylla la perfectionne.

La méthode est simple. Il suffit d'afficher la liste de ceux qui doivent mourir (les « proscrits ») ou de la faire proclamer par le crieur public, puis d'attendre les résultats. Au XXIe siècle, on appellera cela « l'épuration ». Le but : éliminer ceux qui ont le mauvais goût de ne pas être de l'avis majoritaire. Le succès est au rendez-vous. Appien raconte que, en promettant des récompenses à ceux qui égorgeraient les suspects ou qui les dénonceraient, Sylla réussit à transformer plusieurs milliers d'adversaires potentiels en carcasses sanglantes et inoffensives.

Et pas n'importe comment : « Les cadavres des uns lui furent apportés en triomphe au bout de lances et jetés à ses pieds. Les cadavres des autres furent traînés et outragés de toutes les manières, sans qu'aucun de ceux qui assistaient à ce spectacle épouvantable osât dire un mot, tant la terreur était profonde. » Mes rues s'emplissent donc du cri des victimes et du silence des témoins. D'autant qu'il est interdit d'enterrer ces morts-ci pour que chacun puisse constater ce qui attend les ennemis de Sylla. En somme, la proscription est très avantageuse pour le dictateur :

1) elle supprime ses opposants ;

2) elle réduit au silence ceux d'entre eux qui auraient survécu, forcément paniqués par ce qu'ils voient...

Donc Sylla se déchaîne. Il élimine. Contrôle les élections. Se fait acclamer lors d'un triomphe monumental. Réorganise mes provinces en responsabilisant mes gouverneurs. Agrandit mes murailles. Puis démissionne de sa dictature, non sans remercier Hercule de lui avoir donné le courage de mener son œuvre à bien.

De grandes fêtes sont organisées en mon honneur, parce que je le vaux bien : quoi qu'il arrive, je gagne toujours...

Pourtant, même les hommes forts meurent, et Sylla en fait l'expérience en 78 avant Jésus-Christ. Pourtant, loin de frétiller de soulagement, mon corps menace alors d'être désintégré.

D'abord, à l'intérieur même de mes murs, des démagogues (c'est-à-dire des hommes politiques prêts à tout pour plaire au peuple) prétendent distribuer le territoire à la plèbe, et le Sénat doit les déclarer « ennemis publics ».

Ensuite, autour de la ville, les esclaves italiens se révoltent sous la houlette du célèbre Spartacus, gladiateur équestre de son état. Les légions mettent deux ans à reprendre le contrôle de la situation et, comme c'est toujours le cas quand j'ai tremblé, tout s'achève dans des flots de sang et des hurlements de souffrance : plusieurs milliers d'esclaves sont taillés en pièces lors d'une ultime bataille (au point qu'on ne retrouvera même pas le cadavre de leur chef) ; trois autres milliers sont crucifiés ; cinq derniers milliers, en fuite, sont décimés par Pompée, un lieutenant de Sylla devenu général.

Enfin, loin de la ville proprement dite, cette fois, en Espagne, Sertorius, un général romain, a créé une sorte de copie de moi, en plus petit ; et Pompée a beaucoup, beaucoup de mal à mettre un terme à cette sécession. Étant enfin parvenu à assurer mon unité, il envisage d'en tirer un profit personnel. Et il n'a pas tort...

37.

Pompée en grande pompe

Le triomphe (c'est-à-dire la célébration en grande pompe d'une victoire militaire) va bien à Pompée. C'est un peu sa spécialité. Auréolé de sa brillante victoire espagnole, il est élu consul avec Crassus, le covainqueur de Spartacus, et il s'emploie à éclipser son rival.

Sa technique : se faire apprécier du peuple et des chevaliers[1].

Son plan : restaurer le tribunat de la plèbe (à l'époque, les élections ne changeaient que 3 % des sénateurs, elles

1. Eh oui ! Moi aussi, j'avais des chevaliers. À cette époque, il s'agit de propriétaires et de commerçants aisés, qui sont souvent chargés de récolter l'impôt et de juger les gouverneurs de province soupçonnés de manœuvres frauduleuses.

ne servaient donc pas à grand-chose...), et inciter les riches propriétaires à s'investir dans la vie publique.

Son arme fatale : un art militaire à toute épreuve.

Pompée va par exemple remporter une bataille importante, cette fois contre les pirates. Ça peut paraître un détail, mais ça n'en est pas un. Loin de là. Car ces forbans, qui avaient été éliminés des mers quelques années plus tôt, représentent de nouveau un grand danger. Plutarque raconte que, « non contents d'attaquer les vaisseaux, les pirates ravageaient les îles et les ports ».

Résultat : mon ravitaillement en souffre. Le consul promet que tout rentrera dans l'ordre... à condition qu'on lui accorde les pleins pouvoirs. Ce que mes habitants s'empressent de faire.

Alors, Pompée ne perd pas de temps : il chamboule le gouvernement pour y nommer ses hommes de main, il prend l'argent qu'il veut dans les caisses de l'État, il mobilise deux cents navires, tous les soldats et tous les marins dont il a besoin. Il confond son destin avec le mien, et mes fonds avec les siens. Profite des énormes moyens mis à sa disposition. L'emporte haut la main. Séduit mes habitants, toujours sensibles à un beau triomphe.

À l'époque actuelle, Cicéron aurait sûrement lancé un fan-club en son honneur. Il ne trouve pas de mots pour louer son idole : « Guerre civile, guerre d'Afrique, guerre au-delà des Alpes, guerre d'Espagne, guerre contre les États et contre les peuples les plus belliqueux ligués ensemble, guerre contre les esclaves, guerre maritime... Tant d'expéditions contre tant d'ennemis prouvent assez qu'il n'est pas d'opération militaire qui soit au-dessus du talent de Pompée. Quels éloges pourraient égaler sa valeur ? » L'idée maîtresse, ici, c'est que Pompée est grand parce qu'il a prouvé partout et en toutes circonstances mon invincibilité. D'accord, ma vie politique est mourante : depuis un moment, tous mes chefs abusent des institutions, truquent les votes, enfreignent les lois. Mais, objectivement, cet homme a un immense talent militaire.

En enchaînant les victoires, il me permet de contrôler presque tout le pourtour de la Méditerranée (il ne reste plus que l'Égypte à conquérir). Mes habitants chantent souvent sa force, son courage et son intelligence. Les sénateurs aussi sont sous le charme ; selon Pline l'Ancien, ils résument ainsi les raisons de son triomphe : « Ayant libéré les côtes maritimes des pirates et rendu la souveraineté de la mer au peuple romain, Pompée a triomphé de l'Asie, du Pont, de l'Arménie, de la Paphlagonie, de la Cappadoce, de la Cilicie, de la Syrie, des Scythes, des Juifs, des Albaniens, de l'Hibérie, de l'île de Crête, des Basternes, et, en outre, du roi Mithridate et de Tigrane. »

Aujourd'hui, quand un sportif gagne deux médailles dans un banal championnat, les journalistes s'extasient en disant qu'il a marqué l'histoire ; qu'aurait-on dit au temps de Pompée ? Sans doute qu'il a fait mieux que *marquer* l'histoire : il l'a écrite ! Et il mérite amplement son surnom de « Magnus » – qui, à l'époque, n'est pas un prénom suédois mais un mot latin qui signifie « grand ».

Seul problème : grisé par ses victoires, Pompée oublie que je suis davantage qu'un immense territoire. Je suis aussi une ville. Donc un être qui vit, qui palpite, dont il faut tâter le pouls régulièrement pour s'assurer que tout va bien. Or, pris par ses batailles, Pompée passe cinq ans loin de mes murailles sacrées. Et, pendant ce temps, des remous agitent le Latium...

38.

Combien dure une heure de gloire ?

À l'instar de mes grands chefs, l'ensemble de mes habitants s'est mis en tête de faire ce qu'ils veulent. L'ambiance, dans mes murs, s'en ressent. Salluste écrit que « les mœurs de la cité sont corrompues, on y rêve de luxe, on s'y vautre dans la cupidité ». L'exemple du jeune et beau Clodius est resté fameux : accusé de coucher avec ses trois sœurs, il est surpris alors que, déguisé en joueuse de cithare, il s'apprêtait à honorer aussi la femme de César. Craignant pour sa tête, il a versé environ douze millions de sesterces pour corrompre les juges. Avec succès, puisque, à l'étonnement général, il a été acquitté ! Un coquin peut enfreindre ouvertement la morale et rester impuni... parce que ses juges sont aussi amoraux que lui ? Moi qui passais pour un modèle de vertu (malgré quelques petites erreurs de jeunesse), je suis viciée.

Un homme politique ambitieux, Catilina, tente alors de prendre le pouvoir en profitant de ce relâchement général. Il prépare des incendies et des massacres, et envisage des assassinats... dont celui de Cicéron. En effet, celui-ci fait partie des sages qui veillent sur mon bien-être. Un peu parce que c'est dans sa nature, beaucoup parce qu'il sent que c'est un créneau à exploiter. Il se voit bien en superconseiller de Pompée ; et, quand il écrit au général, il n'hésite pas à louer son propre courage et sa propre sagesse ! Ses relations privilégiées avec Pompée en font un ennemi de poids pour Catilina. D'où ce projet d'assassinat.

Prévenu des intentions du diabolique Catilina, Cicéron convoque le Sénat et prononce l'un des discours les plus célèbres de l'histoire romaine : « Jusqu'à quand, Catilina, vas-tu abuser de notre patience ? Combien de temps encore ta folie furieuse se rira-t-elle de nous ? [...] *O tempora ! O mores !*[1] Le Sénat connaît toute l'affaire, le consul la voit, et cet individu continue à vivre ! »

Alertés, mes habitants éliminent Catilina, à la grande satisfaction de Cicéron, et ils apprennent à devenir vigilants. Tente-t-on de les abuser ? Ils réagiront. Ainsi, lorsque Pompée rentre d'expédition, ils lui demandent prudemment de dissoudre son armée. Le général accepte ; il a tort. Désormais, il n'est plus le plus puissant de mes citoyens ! Comprenant un peu tard son erreur, il s'allie,

1. « Ô temps ! Ô mœurs ! »

rageur, avec les deux autres « stars » politiques du moment : César et Crassus.

À cette époque, César est consul. Il soutient à fond le vieux général. Il lui donne même sa fille pour épouse. Quand il part en Gaule guerroyer contre les quelques régions qui résistent encore et toujours à l'envahisseur, il laisse cependant un de ses proches amis veiller à ses intérêts : l'exemple de Pompée, écarté du pouvoir pour s'être éloigné de moi trop longtemps, lui a servi de leçon.

César se méfie de son allié. Il a raison. Quand sa fille meurt, plus rien ne le lie à Pompée. Celui-ci ne manque pas d'en profiter. César est retenu en Gaule par la révolte de Vercingétorix ? Crassus s'est fait tuer lors d'une bataille perdue d'avance contre les Parthes ? Les bagarres sanglantes entre *populares* (c'est-à-dire « démagogues », c'est-à-dire « flatteurs de peuple ») et *optimates* (c'est-à-dire « excellents », ce qui amène les *populares* à les traiter plus volontiers de « factieux ») menacent Rome d'anarchie ? Pour Pompée, l'heure de gloire est arrivée... Il prend mes rênes et décide de régner sans partage.

Mais c'est sous-estimer César !

Quand le grand Jules revient, victorieux, Pompée lui ordonne de dissoudre son armée comme lui avait dû s'y plier, jadis. Justement, César hésite. S'il le fait, il ne sera plus rien – comme Pompée autrefois, qui a dû compter sur ses amis pour revenir au pouvoir – ; mais s'il ne le fait pas, qui l'emportera ?

De son côté, le vieux général est soutenu par les *optimates*, qui lui laissent croire que tout le monde l'aime. La réalité n'est pas aussi simple. Beaucoup de gens s'agitent en coulisses pour décider de mon sort ! L'alternative est claire :

1) soit César se soumet, et Pompée dirige seul ;

2) soit César ne se soumet pas, et c'est la guerre civile !

Au bord d'un ruisseau proche de mes murailles, le Rubicon, César parle à ses troupes et leur avoue ses doutes : « Si nous franchissons ce petit pont, tout devra se régler par les armes. » Alors, franchir ou ne pas franchir ? Telle est la question. Or, quand un de mes enfants doute, comment tranche-t-il ? En demandant leur avis aux dieux !

Ainsi, Suétone[1] raconte que, tandis que César hésitait, il a reçu un signe du ciel. Un homme d'une taille et d'une beauté exceptionnelles est soudain apparu, assis près de là et jouant du chalumeau[2]. Tous se sont approchés pour bien le voir et l'entendre. C'est alors que l'homme a saisi la trompette d'un garde qui l'observait, et, sonnant l'air de départ, s'est élancé vers l'autre rive. César l'a suivi en s'écriant : « Allons là où nous appellent les prodiges des dieux et l'injustice de nos ennemis ! *Alea jacta est !*[3] »

Bon, ça, c'est la jolie version. Je ne peux pas jurer qu'elle est cent pour cent exacte (je ne me souviens même pas d'avoir eu un petit Rubicon au pied de mes murailles). Cependant, je comprends que mes historiens l'aient longtemps racontée, pour justifier César. D'accord, il a violé

1. Suétone est né en 75 avant Jésus-Christ dans une famille de chevaliers. Ses écrits sont très marqués par son goût pour la légende et l'anecdote croustillante.
2. Le chalumeau est une sorte de flûte.
3. « Les dés en sont jetés ! »

une loi (en l'occurrence : ne pas entrer dans mes murs avec une armée... surtout romaine), mais c'est sur le conseil des dieux !

La lutte entre Pompée et César sera sanglante. Elle durera six mois et sera accompagnée de massacres à la chaîne entre mes enfants. Seule la mort de Pompée, assassiné, l'interrompra. Alors, rassuré quant à son avenir, César pleurera son beau-fils et ennemi juré... mais pas avant d'avoir vérifié qu'il avait bel et bien eu la tête tranchée, disent les mauvaises langues. Chacun sait que cette mort marque le début du triomphe de César. Ce que celui-ci ignore, c'est que sa victoire sera de courte durée...

39.

Un roi sans couronne

En 48 avant Jésus-Christ, César est maître de ma cité et du monde que je contrôle. Ce qui lui donne le loisir d'observer mes enfants et leur goût pour la fête. Enfin, pour *les* fêtes !

Gros succès des Saturnales, que l'on célèbre en janvier, quand on commence à jouir de ce qu'on a récolté l'année précédente : dans mes rues, les maîtres servent leurs esclaves ; dans mes garnisons, les soldats se choisissent un roi parmi les condamnés, tout en se déguisant en prostituées. Après quoi, tout revient dans l'ordre : les soldats tuent leur « roi », les maîtres se font obéir.

Les amateurs de divertissement osé raffolent aussi des Lupercales, que l'on considérait comme ayant existé

« avant même le début de la civilisation humaine ». Voilà comment ça se passe : mes habitants se rassemblent sur le Palatin. Arrivent les vedettes, appelées « les frères Luperques ». Ils sont complètement nus. Pour purifier mon peuple, ils sacrifient des chèvres, découpent leur peau en lanières et en fouettent les femmes stériles.

Vous êtes choqués ? Bon, alors vous préférerez les Quinquatries, qui sont un peu l'équivalent de votre Saint-Jean. On les célèbre en juin, vers le solstice d'été. Rien de spectaculaire : des joueurs de flûte, travestis en femmes, parcourent les rues en jouant… et en buvant comme des trous. Juste avant, mes citadines les plus richissimes avaient très sérieusement invoqué le Soleil au cours de la cérémonie des Aurores.

César, lui, prend justement son poste très au sérieux. Plus rien ne l'arrête. Il commence par mater mes enfants restés fidèles à Pompée. Il devient même obsédé par une idée : tuer Caton, symbole de la fidélité au vieux général. Hélas ! pour César, Caton anticipe son retour et se suicide dans d'atroces souffrances. Plutarque raconte qu'il s'ouvre le ventre et que ça ne suffit pas : « Les serviteurs entendirent et poussèrent des cris […] en l'apercevant tout ensanglanté, avec presque toutes les entrailles sorties du corps. » Aussitôt, on appelle un médecin qui lui remet les intestins en place. Mais, profitant d'un instant d'inattention de ses sauveteurs, Caton « repoussa le médecin et arracha de ses mains ses entrailles en ouvrant la blessure ; il expira. »

César est furieux. Il se consolera en 46 avant Jésus-

Christ, quand il rentrera dans mes murs fêter ses victoires sur la Gaule, l'Égypte (grâce à l'amour que lui porte la belle Cléopâtre), le Pont et l'Afrique. Moi, je l'ai un peu mauvaise. Bien sûr, mon chef a pacifié l'Orient, il a mis fin à la révolte des fils de Mithridate, il a solidifié mon territoire. Mais il a obtenu bon nombre de ses victoires contre des Romains. Et ça me fait mal.

Néanmoins, je dois reconnaître que, malgré ses nombreuses occupations, César n'en pense pas moins aux choses essentielles. Donc, d'abord à moi. Je sais que je parais un chouïa prétentieuse, mais permettez-moi de remettre César à sa place : ce livre est *mon* histoire. Il couvre trois mille ans. Bon. César, lui, me gouverne seul pendant quatre années. Quatre courtes années. Comparez. Et il le sait, lui aussi, qu'il est fragile, et mortel, et provisoire. Voilà pourquoi il tient tant à s'occuper de moi. S'il veut vivre plus longtemps qu'aucun autre homme, il faut qu'il s'inscrive dans ma chair.

Alors, il m'embellit, et je ne m'en plains pas. Disons quand même que c'est la moindre des choses. Je suis la capitale d'un territoire immense, non ? J'ai droit à des égards. César en a conscience. Par conséquent, il entreprend de grands travaux : agrandissement du Forum, construction de portiques et de statues à sa gloire, projets de temples spectaculaires...

Son objectif est de me remodeler à son image, afin de montrer aux Romains que Rome, c'est lui. Mais quatre ans, c'est bien trop court pour me chambouler... Je ne le regrette pas. J'apprécie ses efforts, mais je trouve qu'il jouait trop perso à mon goût.

Prudent, cependant, César pense aussi à lui. Il veille ainsi à se voir attribuer tous les pouvoirs. Il contrôle tout : les décisions des tribuns (qu'il a choisis), les listes électorales, la composition du Sénat, le calendrier, et la religion. Il s'attribue même des origines divines pour justifier qu'il ne tienne pas compte des lois.

Une telle puissance concentrée dans les mains d'un homme prouve que, malgré les apparences, la République n'existe plus. La divinisation de César montre, elle, que mon chef n'a qu'une envie : restaurer la royauté. À son profit. Et il y parvient. Bien sûr, il n'est pas vraiment roi : il ne porte pas de jolie couronne brillante qui fait « Cling ! » quand un rayon de soleil la caresse. Il a même refusé ce chapeau doré (et un brin ridicule si vous voulez mon avis) quand on le lui a proposé. Mais il a le reste. Tout le reste. Il gouverne seul. Il ne rend de comptes à personne. Et il s'offre même le luxe de se désigner un héritier, à la manière des vrais rois à couronne qui fait « Cling ! ».

Globalement, le peuple aime bien son tyran. César lui-même s'apprécie beaucoup. Il pense que, sans lui, je sombrerais dans le chaos. Et puis, c'est dans son tempérament : il est sûr de lui. Il n'a pas peur... Il a tort.

Avertissement numéro un : le bruit court que des conjurés veulent sa mort. Ce qui n'empêche pas César de renvoyer ses gardes du corps.

Avertissement numéro deux : un devin l'informe qu'il

va mourir lors des ides[1] de mars. Le 15 mars 44, César croise le devin et se moque gentiment :

— Eh bien, les voici venues, ces ides !

Et le devin de répondre :

— Oui, mais elles ne sont pas encore passées.

Avertissement numéro trois : quelques minutes plus tard, on remet au tyran un billet dénonçant un projet d'attentat contre sa vie. César le prend et entre au Sénat en se disant qu'il le lira plus tard.

Il ne le lira jamais car, peu après son entrée, il est assassiné par vingt-trois coups de poignard. Les coups pleuvent si dru que certains conjurés se blessent entre eux ! Lorsque César s'aperçoit que même son cher Marcus Brutus est contre lui (*« Tu quoque, fili*[2] », aurait-il lâché), il abandonne la partie et s'effondre, la gorge à moitié tranchée, contre un piédestal qu'il couvre de sang.

Au-dessus du mourant, une énorme statue de Pompée semble contempler la scène avec un rictus moqueur, comme si elle avait voulu murmurer : « Chacun son tour, mon bon César. Chacun son tour... »

1. Les ides désignent le jour situé vers le milieu du mois, par opposition aux nones (situées le neuvième jour) et aux calendes (situées au début).
2. « Toi aussi, mon fils. »

40.

La République empire

Les assassins espèrent sauver ma République. Ils ne réussissent qu'à dresser contre eux les trois prétendants au trône.

C'est d'abord un consul, Antoine, qui devient mon chef.

Ensuite, Octave, le fils adoptif de César, arrive. Au moment où il entre dans mes murs, « une couronne semblable à un arc-en-ciel entoura le disque du soleil », affirme Suétone – ce qui prouve que ce gamin de quinze ans aurait une origine divine. Presque aussitôt, les deux hommes commencent à se battre à travers le monde, par armées et intrigues interposées.

C'est alors que le chef de la cavalerie, Lépide, montre

qu'il est très dangereux et qu'il faut compter sur lui. Aussi, après avoir été considéré comme l'ennemi public numéro un, est-il appelé à négocier avec Octave et Antoine.

Il faut deux jours de négociations pour que soit inventé un nouveau gouvernement, appelé « triumvirat », c'est-à-dire un gouvernement à trois hommes. Pour le moment, je suis le cadet de leurs soucis ; seule la course au pouvoir les intéresse. Ils adoptent ensemble une première mesure : l'élimination de leurs ennemis respectifs grâce aux bonnes vieilles proscriptions. Ah ! massacrer ses adversaires, c'est toujours un plaisir pour un chef romain. Sur l'ordre d'Antoine, Cicéron – qui a défendu Pompée, puis le Sénat, puis Octave, avant de commettre l'erreur fatale : s'attaquer à Antoine – a droit à un traitement de défaveur. C'est Appien qui le raconte : « Laenas [un centurion romain], quoique Cicéron lui eût autrefois fait gagner un procès, lui tira la tête hors de la litière, la lui coupa en trois coups, ou plutôt la lui scia, faute de savoir mieux faire. Puis il lui trancha la main avec laquelle il avait écrit contre Antoine. »

Mais, après les réjouissances, il faut résoudre les vrais problèmes qui se posent. C'est tellement difficile qu'une nouvelle guerre interne pousse le triumvirat à se partager mon grand territoire, chacun décidant d'en gouverner un bout.

Évidemment, aucun des trois hommes n'a l'intention de se contenter du morceau qui lui est attribué. C'est désormais à qui sera le plus malin pour me réunifier à son profit... À chacun sa manière.

Lépide, en charge de l'Afrique, tente de s'approprier la Méditerranée grâce à des raids de piraterie. Malheureusement pour lui, son homme fort, le fils de Pompée, est tué ; et Lépide est exilé. Antoine et Octave se frottent les mains : et un de moins, un...

Antoine, lui, joue serré en Orient. Et, dans les premiers temps, ça se passe bien. Il séduit Cléopâtre et soumet des petits rois et des princes, qui lui permettent de contrôler la région. Puis il commet à son tour une grosse erreur : il promet de léguer des bouts de moi à ses fils, nés de Cléopâtre. Ce n'est ni subtil ni républicain (mais l'amour, parfois, n'est ni subtil ni républicain) : comment mon peuple pourrait-il accepter que deux étrangers héritent de sa patrie ?

Octave, qui règne dans mes murs, exploite ce faux pas et attise l'indignation de ses sujets. D'après Sénèque, on accuse Antoine d'avoir été « perverti par les vices contraires à l'esprit romain » ; d'après Plutarque, ses passions – et notamment son amour pour Cléopâtre – lui ont fait oublier « ce qui pouvait persister chez lui d'honnête et de salutaire ». Bref, Antoine est indigne de gouverner. Il est exclu du triumvirat... dont il ne reste plus qu'une tête.

Le dernier homme en lice est donc Octave. À sa demande, tout l'Occident le désigne comme son « chef ». Il part alors en guerre contre Cléopâtre pour vaincre définitivement (c'est-à-dire tuer) Antoine. Ça ressemble à une guerre internationale, qui m'oppose à l'Égypte ; en réalité, c'est une guerre civile (consul contre fils de consul). Mes enfants vont se déchirer pour savoir qui aura l'honneur de me gouverner.

On est toujours en république ; mais l'idée que j'appartiens à tous mes citoyens, plus personne ne s'en soucie ! Quand, en 31 avant Jésus-Christ, Antoine perd la bataille d'Actium face à Octave, il n'y survit pas ; Cléopâtre se suicide avec un horrible serpent caché dans un panier de figues (ou en s'empoisonnant avec une épingle à cheveux, affirment certains) ; Octave lui envoie ses psylles, des charmeurs de serpents doués pour aspirer le venin ; trop tard : la reine la plus sexy d'Égypte expire à trente-neuf ans, et son pays devient l'une de mes nombreuses provinces.

Quant à la République, elle est morte. Définitivement. Pour moi, ça ne change pas grand-chose. Voilà des dizaines d'années que ce régime n'est plus ce qu'il avait été. Un nouveau régime pourrait me redonner des couleurs !

41.

Un Octave plus haut

Aujourd'hui, les historiens estiment que, ce qui était fantastique, dans la République, c'est qu'il y avait plein de héros. Les exemples à suivre foisonnaient. Les braves étaient légion. Ils accomplissaient des tas d'exploits, lesquels m'ont permis d'exister, de m'agrandir et, malgré des guerres fratricides, de m'enrichir (presque) sans cesse.

L'Empire, disent ces mêmes historiens, c'est moins drôle. Il y a moins d'histoires fascinantes, de chevauchées impressionnantes, de batailles épiques. Pourtant, moi, j'aime bien cette période. D'abord parce que vous allez me voir devenir de plus en plus belle, ce qui est toujours assez sympa pour une femme. Et, en prime, parce que vous allez faire connaissance avec quelques personnages exceptionnels. Du genre que vous ne croiserez pas tous les jours...

Mais inutile de nous bousculer ! « On fait toujours assez vite ce qu'on fait assez bien » : telle est la maxime préférée d'Octave, à présent mon seul maître. Commençons donc tranquillement, comme Octave quand il décide de transformer la République romaine en empire.

En 38 avant Jésus-Christ, il est empereur : l'*imperator*, vous vous souvenez, est un souverain victorieux à la guerre.

En -28, il est nommé à la tête du Sénat : il est *princeps senatus*, c'est-à-dire qu'il est le premier à donner son avis lors des débats.

Mais il a de l'ambition. C'est pourquoi il préfère renoncer à son titre, en échange de celui d'« Auguste », qui signale aux yeux de tous qu'il a une mission divine. Désormais, Octave, c'est Auguste.

Un pas en arrière, deux pas en avant : il utilise de nouveau cette technique en restaurant les formes de gouvernements qui existaient sous la République (le Sénat, les différentes charges, les comices)... et en les vidant de leur sens. Le Sénat n'a plus de pouvoir ; les magistrats ne sont plus maîtres que chez eux ; les comices se contentent d'élire ceux que le prince a désignés ; bref : Auguste est bien le seul et unique maître dans mes murs, mais ceux qui aimaient la République peuvent croire qu'elle continue.

Dans les faits, il n'en est rien. Auguste a instauré le principat, qui ressemble beaucoup à l'Empire... Ma République n'est plus ce qu'elle était.

Auguste montre que tout évolue en me transformant physiquement. Comme toujours, c'est dans ma chair que l'histoire des hommes se manifeste. Mon jeune chef décide que je ne suis pas très, très jolie, surtout pour une cité qui domine le monde. Je n'aurais pas présenté les choses de cette manière, mais je reconnais qu'un petit plus ne me ferait pas de mal. Mon nouveau chef se lance donc dans des travaux de prestige. Il bâtit à tout va, notamment :

un forum autour d'un temple dédié à Mars ;

un temple dédié à Apollon sur le Palatin ;

et un autre temple dédié à Jupiter Tonnant sur le Capitole.

La construction de ces monuments n'est pas décidée au hasard. Chacun a sa petite histoire.

Suétone raconte par exemple pourquoi Auguste a édifié le temple de Jupiter Tonnant : lors d'une marche de nuit, la foudre a frôlé la litière du prince et tué l'esclave qui le précédait avec un flambeau. Le signe est clair : Jupiter a protégé Auguste de la foudre car celui-ci est aimé des dieux. Le temple rappelle donc (un peu) l'importance de Jupiter et (surtout) le caractère sacré de l'empereur.

Pour manifester sa grandeur, Auguste choisit ainsi de m'embellir pour mieux asseoir sa réputation. Selon sa formule, il veut « laisser Rome en marbre après l'avoir trouvée en briques ». Normal : c'est dans ses constructions que son pouvoir est manifesté aux yeux de tous. Et son pouvoir est énorme.

Sur tout mon territoire, le chef des armées, le chef des provinces, le chef de la religion, c'est lui, Auguste, et rien que lui.

Vous cherchez un censeur ? Voyez Auguste !

Vous cherchez un juge suprême ? Voyez Auguste !

Vous cherchez un tribun de la plèbe ? Voyez Auguste !

Je sais, théoriquement, il ne peut pas être tribun de la plèbe, puisqu'il n'est pas plébéien. Mais le Sénat l'y autorise et l'oblige même à accepter l'honneur suprême d'être appelé « Père de la patrie » : « Lors de mon treizième consulat, explique Auguste avec une exquise modestie, le Sénat, l'ordre équestre et l'ensemble du peuple romain m'ont donné le titre de "Père de la patrie" et ont décidé que ce titre devait être inscrit dans le vestibule de ma maison, dans la curie et au Forum d'Auguste, sur le quadrige érigé en mon honneur. » En effet, Auguste, je compatis...

Plaisanterie à part, vous voyez bien que c'est devenu n'importe quoi ! Comme en république, le chef tient son pouvoir du peuple et de ses représentants ; pourtant sa puissance est tellement grande que le mot de *République* n'est plus qu'une façade, une illusion, un reste, un peu comme l'odeur qui persiste après un bon barbecue de rougets.

Roublard, Auguste feint de conserver les vieilles institutions, histoire de ne pas effrayer les vieux de la vieille. Pendant ce temps, il concocte une autre machine de gouvernement, l'administration impériale, autour de cinq grandes « préfectures » (c'est-à-dire cinq grandes charges) :

1) la ville (woh-oh-oh-oh, oh !) ;

2) l'annone (pour le ravitaillement) ;

3) les vigiles (pour la sécurité de mes rues, pas pour faire peur à la sortie des bars) ;

4) le prétoire (pour la sécurité personnelle d'Auguste) ;

5) et l'Égypte.

Afin de transmettre sa volonté aux confins du territoire, l'empereur nomme des curateurs et des procurateurs ; il les charge des routes, des monuments, des aqueducs. Mais des serviteurs dévoués, cela ne suffit pas à me gouverner. Il faut aussi que mes habitants soient soudés autour de leur chef, incarnation vivante de leur ville.

Et Auguste réussit à s'imposer en faisant accepter l'idée qu'il est un homme providentiel. Il ne dit pas seulement : « Depuis que je suis là, vous mangez mieux, vous avez plus de jeux, plus de monuments, et la renommée de Rome est plus éclatante. » Non, tout cela n'est que détails ! Sa gloire est plus grande, et il demande aux poètes de l'exprimer.

Et Horace[1] n'y va pas avec le dos du dictionnaire : « Rends la lumière à la patrie, bon chef. Dès que ton visage, à l'instar du printemps, a brillé pour le peuple, le jour arrive plus agréable et les soleils resplendissent davantage. [...] Tu es l'objet de nombreuses prières, on verse en ton honneur des coupes de vin pur, on mêle ta divinité à celle des Lares, comme le fait la Grèce pour les Castors et le grand Hercule. » Auguste, dans ce texte, est présenté comme une toute-puissance naturelle aussi invulnérable

1. Horace (Ier s. avant Jésus-Christ) est le fils d'un ancien esclave. Ami d'un riche Romain, Mécène, il s'est consacré entièrement à l'écriture de poésies, de satires et de conversations en vers appelées « épîtres ».

que les planètes et le cycle des saisons ; il est également divinisé et rattaché à la brillante histoire grecque. C'est le plus admirable Romain de son temps. Voire de tous les temps.

Il en a plus conscience que quiconque et s'attache donc à le démontrer en m'exaltant, en insistant sur l'importance de sa « mission » (il doit « civiliser » les peuples que j'ai soumis), en appelant tous mes habitants à plus de vertu. Ce qui n'a pas que des avantages : il sera obligé d'exiler sa fille et sa petite-fille, accusées de débauche. Mais on n'a rien sans rien, et Auguste n'hésite pas à sacrifier les autres si cela lui permet d'être reconnu comme mon guide parfait.

On l'adore, on le loue, on l'admire : le petit Octave maladif des années 30 a réussi. Il est devenu Auguste, le sage et digne héritier de Romulus. Chapeau !

42.

Maîtres et saigneurs

C'est le mois d'août 14 après Jésus-Christ. Le soleil brûlant inonde mes rues. Même à l'ombre, mes habitants étouffent sous la chaleur.

Auguste, lui, n'est pas dans mes murs. Il rentre de Naples quand il tombe malade. D'après Suétone, l'empereur est conscient qu'il n'a plus longtemps à vivre. Alors il fait le bilan de son existence et il demande à ses proches s'ils trouvent qu'il a bien joué « la farce de la vie ». Pour l'ensemble de son œuvre, il réclame des applaudissements à la manière d'un acteur : « Si la pièce vous a plu, donnez-lui vos applaudissements et, tous ensemble, manifestez votre joie. » Puis il meurt.

Les sénateurs proposent des funérailles grandioses,

allant jusqu'à suggérer de déplacer le mois d'août, c'est-à-dire le mois d'« Auguste », pour le faire coïncider avec sa naissance ; mais on tempère leurs ardeurs. L'enterrement est solennel, sans plus, et Tibère prend le pouvoir.

Cet homme n'est pas un jeune godelureau : il a cinquante-six ans – ce qui est déjà antique à l'époque –, pas mal d'expérience et des tonnes d'ennemis. Certains dénoncent son côté hypocrite et roué. Pourtant, Tibère présente *a priori* des garanties pour faire un chef d'État correct ! Il est légitime, puisque Auguste l'a nommé avant d'expirer. Il est fortuné, puisqu'il a participé à maintes campagnes militaires, le plus souvent victorieuses. Et, fin du fin, il est « prédestiné ».

En effet, on raconte que sa naissance a été accompagnée d'un signe étonnant : sa mère, Livie, voulait savoir si elle allait accoucher d'un garçon ou d'une fille. Elle a pris un œuf sous une poule et, rapporte la légende, a continué de le réchauffer « soit de ses mains, soit en se faisant remplacer à tour de rôle par ses femmes ». L'œuf a éclos, et, cocorico ! un poussin arborant une superbe crête en est sorti. Traduction : les dieux sont formels, non seulement Livie aura un fils, mais ce fils sera mon prince.

Le présage a vu juste. Tibère devient mon chef. L'homme n'a pas la parole facile, et le peuple ne l'adule pas. Ses principes sont austères : il accorde plus de pouvoir au Sénat et refuse de partir en guerre afin de préserver la paix léguée par Auguste. Pour ne rien arranger, tout le monde se déteste, dans sa famille. On s'empoisonne comme on se dit bonjour ; puis on se venge, on complote et contre-complote en permanence.

À son tour, Tibère finit par craquer et devient fou. Il invente des tortures de toutes sortes : il fait boire abondamment ses invités, puis les empêche d'uriner ; il emmène ses amis en promenade et les fait tabasser à mort par des marins ; il emprisonne ses proches et les enchaîne à perpétuité. Bref, il délire[1]. Heureusement, il se retire en 26 après Jésus-Christ. Je respire. Pas longtemps !

Car un nouveau dément, nommé Caligula, devient bientôt empereur. Il a vingt-cinq ans et il plaît à mes habitants. Au moins au début. Quand il prend le pouvoir, il est beau, sympathique, et, en plus, il ne lésine pas sur les moyens : il annule les condamnations prononcées par Tibère, il distribue quarante-cinq millions de sesterces aux Romains... mais, lui aussi devient fou. Il viole ses sœurs. Il organise un trafic de prostituées dans le palais. Il adore sa toute jeune fille Julia Drusilla parce qu'il trouve qu'elle lui ressemble. Et il n'a pas tort, elle a son côté frappadingue : elle essaye d'éborgner les petits enfants qui jouent avec elle !

Résultat : mes historiens lui arrangent le portrait. Selon eux, l'apparence physique explique ce que l'on est à l'intérieur. Sénèque oublie donc les qualités esthétiques initiales de Caligula pour mieux le dénoncer et le décrire comme quelqu'un qui « offre ample matière aux rires ». Et d'ajouter : « Son teint est d'une affreuse pâleur, qui révèle

---

1. À l'origine, « délirer », c'est, pour un paysan, s'écarter de son sillon (*lira* en latin). Celui qui n'est pas capable d'aller droit, de mener à bien son action, celui-là délire.

sa folie ; ses yeux farouches sont très enfoncés, son front est un front de vieillard, sa tête dégarnie est laide, sa nuque horripilante, ses jambes trop maigres et ses pieds énormes. » Pas très sexy tout ça...

Ses agissements sont à l'avenant. Il décide d'économiser mon argent d'une manière singulière : au lieu de nourrir avec du bétail les lions destinés au cirque, il leur donne à manger des prisonniers. Ça ne suffit évidemment pas pour renflouer mes caisses. Aussi décide-t-il de créer des impôts nouveaux. Mes habitants s'étonnent des taxes qu'on leur réclame, et ils cherchent dans mes rues l'endroit où a pu être placardé le décret qui les justifie. En vain : le décret est introuvable !

Alors, ils manifestent. Pour les contenter sans s'exposer à des remontrances, Caligula met à profit ma géographie. Il fait recopier son décret « en toutes, toutes petites lettres, et dans un endroit très resserré », explique Suétone. Ainsi, il respecte la tradition qui exige que chaque décret soit placardé sur mes murs ; mais il se protège en empêchant le plus grand nombre d'en lire le détail...

De coups bas en crises de folie, Caligula file un mauvais coton. Il n'est pas assez fou pour ne pas avoir conscience des réactions qu'il suscite. Aussi adopte-t-il une maxime qui résume son action : *« Oderim dum metuant ! »*[1]

La crainte qu'il inspire ne suffit pas à le protéger. En 41 après Jésus-Christ, à vingt-neuf ans, il est assassiné.

1. « Qu'ils me haïssent tous, pourvu qu'ils me craignent ! »

43.

Un vent de folie

Les sénateurs, échaudés par les deux dernières expériences impériales, essayent de rétablir la République. Mais un autre prince, Claude, réussit à s'imposer.

La tâche qui l'attend est rude : mes territoires comptent alors environ sept millions de citoyens, et entre mes seules murailles vivent près d'un million de personnes. Tous ces gens, il va falloir les nourrir, les distraire, leur plaire... et les contrôler. Or, dans l'entourage du nouveau prince, on chuchote que Claude est un débile mental. Va-t-il me conduire à la catastrophe ?

Déjouant les pronostics, Claude se révèle être l'homme de la situation. Il est conscient que j'ai grand besoin de quelques coups de truelle. Aussi se lance-t-il dans des travaux importants.

Pour éviter les famines, il facilite l'importation du blé en construisant un port tout neuf à Ostie, avec digues et phare. Comment construit-on un port ? Écoutez, c'est un reportage à Ostie de notre consul et envoyé spécial, Dion Cassius.

— Hum, Dion ? Vous m'entendez ?

— Oui, tout à fait, je vous reçois cinq sur cinq, Rome. Eh bien, pour construire un port, un *portus*, comme on dit en termes techniques, c'est relativement très simple quoique finalement plutôt très compliqué.

» Première condition : avoir beaucoup d'argent. Les architectes ont longtemps cru qu'ils réussiraient à dissuader l'empereur de se lancer dans cet énorme défi. Raté.

» Deuxième condition : être super motivé. Et Claude est super motivé. Son but est de concevoir à la fois une œuvre digne de la majesté de Rome et de la mener à son terme.

» Troisième condition : savoir s'y prendre. En l'occurrence, creuser un immense espace ; l'entourer de murs ; y faire entrer la mer. Et, en même temps, édifier de grosses digues et une tour avec un feu (aujourd'hui appelée "phare").

» C'était Dion Cassius, en direct d'Ostie, pour *Rome-Info*.

— Merci, Dion.

Outre un port, Claude multiplie les aqueducs. Jusque-là, je recevais à peine plus de 450 000 m^3 d'eau par jour.

Ça ne vous dit rien, mais, pour un million de personnes, croyez-moi, ça ne fait pas lourd. Grâce aux deux nouveaux aqueducs, plus de 800 000 m^3 alimenteront notamment le palais impérial, quelques privilégiés et six cents fontaines.

C'est un énorme progrès. Au point que Frontin[1] écrira : « Si l'on évalue avec exactitude le volume des eaux qui se déverse sur les places publiques, dans les bains, les piscines, les canaux, les maisons, les jardins, les propriétés de banlieue, et si l'on considère aussi les distances parcourues par le courant d'eau, les arcs élevés, les montagnes percées, le comblement des vallées, on conviendra que jamais le monde entier n'a présenté plus grande merveille ! »

Tout en s'occupant de me refaire une beauté, Claude tente aussi d'assurer son pouvoir. C'est sain. Pour cela, il ne doit pas seulement se lancer dans de grandes constructions : il doit aussi séduire. L'empereur n'oublie pas ce principe de base. Il lance notamment les travaux pour restaurer le théâtre que Pompée avait érigé près de sa maison. Le lieu est historique, déjà à l'époque ! Pourquoi ?

1) Parce que c'est le premier théâtre « en dur » (vous vous souvenez, Pompée avait dû ruser pour avoir l'autorisation de le réaliser).

2) Parce que c'est juste derrière ce théâtre, sur une place qui servait de lieu de réunions aux sénateurs, que César a été assassiné.

3) Parce que c'est un bâtiment colossal. Il mesure

---

1. Frontin (Ier s. après Jésus-Christ), gouverneur et consul, était un spécialiste des aqueducs et de la stratégie militaire.

150 m de diamètre et peut accueillir environ vingt mille spectateurs. Sur la scène, de splendides statues de plus de 4 m de haut ont été installées. Derrière, se dresse un énorme portique : environ 180 m sur 135 – un record !

Et Claude ne s'arrête pas en si bon chemin. Il embellit les lieux de fête : bornes dorées, barrières en marbre, places de luxe réservées aux VIP… Il ne recule pas devant le grand spectacle : au Champ de Mars, il présente la soumission d'une ville et des rois de Bretagne (c'est-à-dire de l'actuelle Grande-Bretagne) *en grandeur nature* ; et il offre même des combats navals dans le lac Fortin. De l'avis de beaucoup, « il organise des Jeux comme on n'en avait jamais vu et comme on n'en verra plus ». C'est très important, car mes habitants adoooorent les Jeux. La preuve : à la fin de la République, il y en avait 73 jours par an ; sous l'Empire, on en comptera 175, soit presque la moitié de l'année !

Bon, précisons quand même que, sous le règne de Claude, je n'ai pas que des qualités. En effet, élever des monuments de prestige, c'est bien ; encore faut-il loger ceux qui vivent dans mes murs. Alors, on édifie de hautes maisons, un peu comme les grosses barres d'immeubles dans certaines banlieues, aujourd'hui. Comme ce sont des bâtiments destinés aux pauvres, on les construit avec des matériaux pour pauvres.

Solidité ? Zéro.

Sécurité ? Zéro.

Résultat ? Effondrements et incendies.

Bilan ? De très nombreux morts.

Claude essaye de limiter les dégâts en réglementant la

hauteur des édifices. Mais ses décisions ne sont pas appliquées systématiquement, si bien que les accidents demeurent fréquents. Entre mes murs, on peut donc voir à la fois de très beaux bâtiments et des immeubles sordides.

Globalement, Claude semble être un homme d'État idéal : il préserve la paix et obtient quelques victoires militaires spectaculaires ; il enrichit mon architecture et tente d'éviter la multiplication des constructions dangereuses ; et, cerise sur le gâteau, il sait séduire le peuple. Seulement, il aime beaucoup les femmes. Trop. Comme dit le poète, « pas facile d'aimer son prochain quand on préfère ses prochaines ». Or, Claude n'a pas eu la main heureuse avec sa première prochaine, ni avec les suivantes. Il en aura cinq. Trois d'entre elles resteront célèbres.

La première épouse, c'est Urgulanilla, qui donna à l'empereur un fils et une fille : le fils s'étouffa avec une poire qu'il essayait de rattraper la bouche ouverte ; la fille, disent les spécialistes du potinage, n'était clairement pas de Claude.

La deuxième épouse, c'est Messaline, qui attendait avec impatience que son mari s'endorme pour aller coucher avec tous les amateurs lors d'orgies que je vous laisse imaginer. Aujourd'hui encore, « Messaline » est un synonyme chic de *prostituée*.

La troisième épouse (en fait la dernière), Agrippine, la nièce de l'empereur, obligera Claude à adopter Néron... et finira par empoisonner son mari en lui faisant ingurgiter des champignons vénéneux.

L'attitude de ces femmes très libérées étonne et inquiète mes habitants. Surtout Juvénal, partisan de la tradition et défenseur acharné du passé, dont on a pu dire qu'il n'écrivait que « pour expliquer pourquoi il détestait tout ce qui n'était pas lui : les femmes, les homosexuels, les juifs, les Égyptiens... ». Il interpelle ainsi son lecteur : « Tu te demandes d'où viennent ces monstruosités, quelle peut en être la source ? » Et de répondre : « Nous souffrons aujourd'hui des maux d'une longue paix. Plus funeste que les armes, la luxure s'est ruée sur nous et venge l'univers asservi. Tous les crimes s'étalent, tous les forfaits de la débauche, depuis qu'a péri la pauvreté romaine. » Pour lui, « c'est l'obscène argent qui, le premier, importa chez nous les mœurs étrangères ; c'est la richesse corruptrice qui, par son luxe honteux, a brisé l'œuvre des siècles ».

Pour le poète, je suis parfaite à l'origine, ce qui m'a permis d'envahir le monde ; puis celui-ci m'aurait infestée de ses imperfections. Il exagère ? Oui. À mon avis, on peut même dire qu'il a tort. Mais le règne de Néron va en tout cas démontrer que la morale n'est plus mon point fort...

44.

Néron, triste clown

Néron se retrouve alors au pouvoir. Au début, sa mère et Sénèque, un célèbre philosophe, tentent de le contrôler. Mais il a dix-sept ans, et, c'est bien connu, on n'est pas sérieux quand on a dix-sept ans. Il se prend pour un acteur professionnel, joue de la cithare en public, déclame ses œuvres, et lance une mode : désormais, les nobles aussi veulent monter sur scène. Certains deviennent gladiateurs... et même les dames de haute lignée courent dans l'arène se battre à coups de glaive.

Néron passe alors à autre chose, car il a découvert les bas-fonds de Rome. Il emprunte à Antoine et à Cléopâtre un jeu réservé aux puissants : la « vie inimitable », qui consiste à se déguiser en serviteur et à partir dans les coins mal famés de la ville. Car l'empereur aime tout ce qui, normalement, lui est interdit, depuis les balades dans mes quartiers populaires jusqu'aux rapports sexuels *très* originaux...

Pour autant, il n'a pas l'intention de risquer sa vie. Il s'amuse trop pour mourir ! Aussi se fait-il courageusement accompagner de solides gaillards, qui lui permettent de laisser libre cours à son goût de la bagarre par colosses interposés. Il jouit ainsi d'une parfaite liberté pour commettre ses exactions.

Dans mon quartier le plus « chaud », Subure, il fréquente la pègre et les prostituées ; dans mes quartiers plus huppés, il cambriole échoppes et maisons... et, de retour au palais, il vend ce qu'il a volé. Ce n'est qu'un échantillon de son comportement extrêmement... comment dire ? extrêmement *particulier*. Comme tout gai luron omnipotent, Néron n'hésite pas à agresser les badauds, à violer les femmes et – pourquoi pas ? – les jolis garçons. Mes rues, déjà dangereuses, deviennent invivables la nuit : des bandes de voyous se déguisent comme l'empereur en goguette et se lancent dans les mêmes méfaits que lui, avec la même impunité.

Très vite, ces plaisirs malsains dégénèrent, et l'empereur surpasse sa mère, déjà célèbre pour son infamie. Il l'assassine, puis :

1) élimine ses tuteurs (Sénèque se suicide dans son bain quand il comprend qu'il ne peut maîtriser ce dément) ;

2) choisit pour conseillers des débauchés patentés ;

3) torture et tue quiconque ose le contredire ;

4) crée de nouveaux supplices, qu'il ne répugne pas à appliquer lui-même.

Ainsi, il castre un enfant et décide de le prendre pour épouse (eh oui !), ce qui incite mes habitants à le railler : « Quel malheur que son père Domitius n'ait pas pris pareille épouse ! » Auparavant, il a lui-même été l'épouse (si, si, l'épouse...) d'un esclave qu'il a affranchi. Bref, c'est carrément n'importe quoi.

Et ça ne s'arrange pas : en 64 après Jésus-Christ, un incendie me ravage. Néron est certainement le coupable, même s'il a accusé les chrétiens pour les faire massacrer. Les historiens racontent l'horreur : quand les flammes envahirent mes rues, « un tumulte extraordinaire s'empara de la ville tout entière. Les gens couraient partout comme des fous. Certains, qui venaient en aide à leurs amis, apprenaient que leur propre maison était en train de brûler. D'autres apprenaient qu'ils avaient tout perdu. Ceux qui étaient à l'intérieur des bâtiments se précipitaient dans les rues étroites en espérant pouvoir être à l'abri à l'extérieur. D'autres, au contraire, voulaient se réfugier dans les maisons. Enfants, femmes, hommes, vieillards, tous hurlaient ou gémissaient. On ne pouvait rien voir ni entendre à cause de la fumée et des cris. Certains restaient sur place, muets et hébétés. Beaucoup de ceux qui transportaient leurs biens, ainsi que ceux qui avaient pillé les biens d'autrui, se précipitaient les uns sur les autres et dégringolaient sous leur fardeau. Impossible d'avancer, impossible aussi de rester sur place, car les gens poussaient et étaient poussés, renversaient les autres et étaient renversés ; beaucoup périssaient étouffés et piétinés. Impossible de s'échapper, car celui qui évitait un danger tombait immédiatement sur un autre et mourait ».

Et comme un malheur n'arrive jamais seul, l'année suivante, une terrible épidémie de peste tue trente mille de mes habitants. Des riches comme des pauvres. Aucun quartier n'est épargné. Ajoutons à cela de mauvaises récoltes, donc des prix très élevés, donc des tensions et des révoltes... Bref, pressé de toutes parts, déclaré ennemi public, haï du peuple, Néron finit par se suicider en se plantant un glaive dans la gorge. Ce qui met un terme à ses méfaits, mais pas à la crise que je traverse...

45.

De mieux en pis

Après tous ces fous qui l'ont gouverné, mes habitants ne savent plus à quel sain (homme) se vouer. Profitant de ce désarroi, en une année, quatre généraux tentent tour à tour de s'emparer du pouvoir. Galba l'emporte. Puis Othon. Puis Vitellius. Mais le grand vainqueur final s'appelle Vespasien.

Il tranche avec mes chefs précédents. Il étonne par son bon sens (je n'étais plus habituée !), son autorité naturelle, son à-propos. Toutefois, il a un gros défaut. Il est issu de la petite-bourgeoisie ; et il a gardé de ses origines un réflexe : il n'aime pas dépenser des sous, mais il aime bien en gagner. Vespasien raffole de l'argent. Il compte profiter de sa charge pour engranger un maximum de sesterces.

Pour cela, il réclame des impôts tombés aux oubliettes depuis longtemps ; il en crée de nouveaux pour les provinces ; il vend des magistratures aux notables et des grâces aux condamnés, et il traficote sans se cacher.

Classique.

Mais il fait aussi preuve de subtilité pour obtenir son or tant convoité ! Il envoie par exemple des gens aussi rapaces que lui récolter l'impôt. Ces gens avancent la forte somme demandée par Vespasien, puis ils se remboursent largement sur le dos des citoyens. C'est un système qui existait déjà, on l'a vu. Cependant, l'empereur l'améliore : quand ses collecteurs d'impôts se sont enrichis, Vespasien les accuse d'avoir détourné l'argent public... et il leur reprend tout. Il fallait y penser.

Et il y a mieux : il a inventé la taxe sur l'urine ! D'après certains, c'est lui le premier qui a pensé à construire des toilettes publiques et à en faire payer l'entrée. Quelques années plus tard (environ mille huit cents, en fait), quand un préfet construira des W.-C. dans les rues de Paris, il les appellera des « vespasiennes ».

Malgré ses effets pervers, cette obsession de l'argent contribue à mettre de l'ordre dans mon Empire. En effet, Vespasien a le souci de me concevoir comme un territoire uni, et pas seulement comme une ville maîtresse, avec, au loin, des cités vassales que je contrôle vaguement. Ainsi, il propose davantage de charges officielles aux notables venus de mes provinces, pour mieux les intégrer à ma vie. En plus, une partie de l'argent qu'il récolte sert à reconstruire les villes des provinces que des tremblements de terre ou des incendies ont détruites. Ainsi, je me montre solidaire de mes habitants, même lorsqu'ils vivent loin de mes murailles.

Les objectifs de Vespasien sont clairs : stabiliser, consolider, pérenniser. Logique, après des années de troubles ! Encore faut-il y parvenir. Pour cela, Vespasien impose la transmission du titre de « prince » de père en fils. Pas de chance : son fils aîné meurt peu après avoir accédé au pouvoir. Et son fils cadet, Domitius, est un sacré morceau !

C'est lui qui prend le pouvoir à la mort de son père. Ses deux principales caractéristiques : il est débauché et cruel. Il aime beaucoup torturer. Par exemple, il lui arrive d'inviter un accusé chez lui ; ensemble, les nouveaux amis discutent, rient, jouent. Et, le lendemain, Domitius prononce lui-même le jugement de son ex-invité : crucifiement.

Pour ce qui me concerne, je dois reconnaître qu'il n'est pas uniquement néfaste : il reconstruit les monuments quand ils viennent à être ravagés par un incendie… en veillant à remplacer le nom des constructeurs originels par le sien. Il organise des Jeux sur de nouveaux sites. Afin d'assister à des batailles navales, spectacle qu'il goûtait fort, il fait creuser un bassin près du Tibre, qu'il entoure de gradins. Il édifie de nouveaux temples. Ainsi, même quand ils sont et tapés et mégalos, ce qui est le cas de Domitius, mes empereurs gardent l'obsession de graver leur passage dans mon corps.

À la fin de ce règne (qui se termine par l'assassinat de l'empereur-assassin), le passage de la République à un régime autoritaire est achevé. Plus possible de faire semblant. Désormais, la question n'est plus de savoir dans quelle mesure le prince ou le Sénat gouverne : elle est de savoir *quel* prince va gouverner. La solution est trouvée par la dynastie des Antonins, inaugurée en 96 après Jésus-Christ par un homme de soixante-six ans : Nerva.

Nerva est porté au pouvoir par les meurtriers de Domitius. D'emblée, il élimine les problèmes de succession. Le titre d'empereur se transmet de père en fils... adoptif ! Ainsi, l'empereur peut choisir le meilleur citoyen pour me gouverner. De la sorte, Trajan succédera à Nerva, Hadrien à Trajan, Antonin le Pieux à Hadrien et Marc Aurèle à Antonin. Pendant quatre-vingts ans, mon territoire profite de la tranquillité politique pour prospérer.

Vous en voulez une preuve ? Alors ne faites pas vos timides, admirez mon corps et vous verrez que je ne vous raconte pas d'histoires...

46.

Le Forum de la vraie Rome

Allez, suivez la guide ! Et admirez pour commencer un endroit dont je suis très fière : le forum de Trajan. C'est au IIe siècle après Jésus-Christ qu'on l'a construit.

Et il n'y a pas que le nom de son architecte, Apollodore de Damas, qui soit magnifique : observez donc cette grande esplanade, entourée d'un portique majestueux. Au centre, voyez la statue en bronze de l'empereur à cheval. Elle est gigantesque, au point qu'on a pu dire : « Pour loger un tel cheval, il fallait une écurie à sa mesure. » En clair, il fallait un écrin aussi splendide que le Forum pour cette œuvre d'art admirable ! Autour de l'animal se trouvent des sculptures plus petites (faut pas exagérer) de fidèles et glorieux serviteurs de l'Empire.

Mais ne restez pas là, voyons ! Vous n'êtes qu'au début de votre émerveillement. Si vous voulez bien gravir trois marches de marbre jaune... Eh oui, le marbre peut être jaune ! Les archéologues distinguent en fait une dizaine de sortes de marbres, utilisés dans mes murs. Je vous préviens, je vais vous les citer toutes. Pas pour paraître cultivée. Juste parce que, moi, j'aime bien rêver en essayant de visualiser toutes ces belles pierres qui se ressemblent... et sont pourtant si différentes. Alors, si vous voulez rêver avec moi, imaginez le marbre de Paros (blanc à gros grain, c'est le plus courant pour les statues)... le marbre du Pentélique (blanc à grain fin)... le marbre de Luni (blanc à grain fin, très chic, au point que Tibère s'est approprié les carrières où on le produisait)... le marbre de Proconnèse (blanc bleuté à gros grain)... le Pavonazzeto (c'est du marbre blanc sur fond violet, avec un peu de calcaire)... le cipolin, marbre strié de vert pâle à vert foncé... le marbre rouge (très, très rouge)... le marbre jaune, donc, avec des veines encore plus jaunes ou carrément rouges... le Portasanta, rouge avec des taches et des veines... l'Africano, avec des taches et des veines de plein de couleurs vives... et enfin le marbre vert antique, avec des motifs gris, blancs, noirs. Comme quoi, depuis ma plus tendre Antiquité, je suis restée de marbre*s* (bon, d'accord, d'accord, c'est moyen ; mais si on ne peut plus plaisanter...) !

Bref, si vous gravissez ces trois marches de marbre jaune, vous entrerez dans la basilique édifiée en l'honneur de la famille de Trajan. Une basilique est un monument apprécié des Romains. En théorie, elle sert un peu à rendre la justice. En pratique, elle fournit un abri agréable quand le soleil tape trop fort ou que la pluie tombe à verse. Installés sur les côtés du bâtiment, des camelots mettent de l'animation : on vient parfois spécialement pour les voir. C'est un spectacle vivant et pas cher ! Après, on va manger un morceau de cerf bouilli ou de sanglier recuit avec un peu d'*alica* (c'est une sorte de semoule) sous le regard attentif d'un tavernier vêtu seulement d'un caleçon. Fait chaud, aux fourneaux...

La basilique de Trajan est un lieu de vie, donc une partie essentielle du Forum. Ses dimensions ne laissent aucun doute quant à son importance : elle est immense, et sa base est surélevée de 1 m. Elle ressemble à un hangar de luxe, mais quel hangar, et quel luxe ! Admirez ses cent colonnes dont de nombreuses sont en cipolin (vous avez reconnu les striures vertes de ce marbre que vous connaissez bien, désormais) ; ses cinq nefs longues comme, comme... hum, aujourd'hui on dirait « comme deux terrains de football » ; son sol en marbre jaune ; ses tuiles en bronze ; sa grande frise (si vous n'êtes pas des spécialistes, je vous explique : c'est une merveille) ; son portique orné de sculptures ciselées ; et ses splendides bas-reliefs !

Dans cet espace énorme, dès que quelques centaines de personnes sont réunies, bonjour le brouhaha ! En levant la tête, ne manquez pas l'inscription gravée à plusieurs reprises : « *Élevé avec le butin* », qui rappelle une brillante victoire de mes armées. Ce qui m'honore, certes ; ce qui honore surtout l'homme à qui je dois l'heureux dénouement d'une bataille : Trajan lui-même !

Encore un peu d'attention, s'il vous plaît, la visite n'est pas terminée, la pause sera pour plus tard. Vous voilà en effet à la hauteur des bibliothèques. Il y en a deux : une pour les livres en latin, une autre pour les livres en grec. Si vous ne lisez ni le latin, ni le grec, et même si vous ne lisez pas souvent, vous pouvez quand même faire « Woooooh ! », ça ne mange pas de pain.

Entre les deux bibliothèques, la fameuse colonne Trajane. Là aussi, vous pouvez faire « Woooooh ! ». Il y a de quoi ! Le socle est imposant ; surtout, il est parfaitement régulier : chaque arête fait 5 m et 50 cm, pas un millimètre de plus. La colonne elle-même est toute en marbre. Attention, jeu ! Ce marbre est :

1) blanc ;

2) à grain fin, très chic ;

3) extrait d'une carrière que Tibère a volée à mes habitants...

Alors, vous vous souvenez comment il s'appelle ?

Allez, je vous donne la solution : il s'agit du marbre de Luni (aujourd'hui, on parle de « marbre de Carrare ») ! La colonne mesure près de quatre mètres de diamètre et trente mètres de haut. Au-dessus, un aigle et une statue de Trajan, édifiée après la mort de l'empereur (et depuis remplacée par une statue de saint Pierre).

Si vous le souhaitez, vous pouvez entrer *dans* la colonne et gravir les cent quatre-vingt-cinq marches en marbre blanc avec, tout autour, des bas-reliefs et quelque deux mille cinq cents figures.

Arrêtez-vous là. Cette colonne est stupéfiante, ce Forum

est magnifique. Mais pourquoi avoir édifié de telles merveilles ? Pour me glorifier, tout simplement ! Ces monuments rappellent mes grandes victoires. Je suis quasiment invincible. Même quand je perds des batailles, je finis toujours par gagner la guerre.

En plus, ces monuments montrent à quel point mon embellissement est essentiel. Je ne suis pas une gourgandine qu'on achète avec un petit cadeau, par exemple avec un temple élevé tous les siècles, ou un gros égout creusé de temps en temps. Non. C'est bien, mais ça ne suffit pas. Car je suis une ville sacrée, je mérite d'être sans cesse glorifiée par la construction de splendeurs.

Que ce soit clair.

Bon.

Et maintenant, vous pouvez faire une pause, si la visite vous a épuisés. Quand vous serez de nouveau en état de continuer le voyage, tournez la page, je vous raconterai la vie de Trajan.

47.

Le meilleur des immondes

Finalement, j'ai changé d'avis. Je n'ai pas envie de vous raconter la vie de Trajan. D'ailleurs, si vous avez bien regardé son forum, vous savez déjà tout ce qui est important.

Vous avez vu, gravée dans ma chair, l'image de l'empereur idéal : glorieux et soucieux de beauté, utile à ses contemporains et manifestant ma grandeur. Pline le Jeune, un gouverneur-sénateur-grand-ami-médecin-fanatique de Trajan, raconte que, quand ils voyaient l'empereur approcher, certains Romains criaient qu'ils voulaient mourir : maintenant qu'ils avaient croisé cet homme merveilleux, il ne pouvait rien leur arriver de plus beau, leur vie n'avait plus de sens.

Moi aussi, quand j'ai rencontré mon premier amour, j'étais comme ça. Depuis, ça m'a passé. Mais je sens que ce n'est pas cette partie de mon existence qui vous intéresse le plus, pas vrai ? Vous préférez Trajan. Je vois. Vous souhaitez vous pâmer devant lui, c'est ça ? Très bien. Va pour un peu de biographie de Trajan.

N'empêche que c'est mon nom, sur la couverture. Sans moi, Trajan n'est rien.

Enfin, bon, si vous voulez mieux connaître cet homme – brillant, je l'avoue –, je vous laisserai éblouir par Eutrope, un Grec qui écrivait en latin. « Trajan a reculé les limites de tous côtés, affirme cet historien. Il a récupéré l'Arménie ; il a donné un roi aux Albaniens ; il a reçu la soumission des rois des Ibères, des Sauromates, du Bosphore, des Arabes, de l'Osrohène et de la Colchide ; il a soumis et gardé l'Anthémusie, Séleucie et Ctésiphon, Babylone et Messène ; il s'est avancé jusqu'aux frontières de l'Inde et à la mer Rouge, et il a fait trois provinces de l'Arménie, de l'Assyrie et de la Mésopotamie... » N'en jetez plus ! L'accumulation de noms de peuples, de régions et de villes le montre à loisir : Trajan m'a servie au mieux en élargissant mon territoire. Même s'il a connu aussi quelques grosses défaites. Mais ça, vous n'avez pas envie d'en entendre parler, hein ? Je m'en doutais.

Alors, je continue l'éloge de votre idole. Il faut plaire au peuple, je suis bien placée pour le savoir...

Je dirai donc que votre chouchou sait rester simple. Lorsqu'il entre dans mes murs, il n'est pas protégé par des hordes de gardes du corps musclés : il avance sans armes, entouré de quelques sénateurs, recevant ainsi l'hommage du peuple ébloui (et sensible à sa propagande). Un bon bain de foule, ça vous lave de vos idées noires, croyez-moi ! C'est ainsi que Trajan devient un exemple de « bon » empereur : il est victorieux et couvert de gloire ; mais il reste aussi mon humble serviteur.

Pour les années suivantes, j'ai un trou. Je ne vois pas trop quoi vous raconter de passionnant. Les empereurs se succèdent et, en apparence, tout va bien pour moi.

Juste quelques mots sur l'un d'eux, un original : Commode. Un type bizarre. Pas trop méchant, pour un empereur. Disons que, dans la famille des Antonins Frappadingues, c'est le meilleur des immondes. Si je devais le caractériser en trois points, je dirais ceci :

1) Il aimait jouer les gladiateurs et a revendiqué plus de mille assassinats à main armée. Pour changer des humains, il tuait fréquemment des girafes, des éléphants et des rhinocéros, cette fois *à main nue*. Vous souriez, mais je voudrais bien vous y voir, devant un gros monstre furieux sans mitraillette ou tronçonneuse électrique pour lui régler son compte.

2) Il avait aussi des idées saugrenues. Exemple : « Ayant remarqué un homme dont les cheveux noirs étaient parsemés de quelques cheveux blancs semblables à des vermisseaux, il lui posa sur la tête un étourneau qui, s'imaginant picorer des vers, lui ouvrit le crâne à coups de bec. »

3) Il n'avait pas peur de choquer. Les amateurs de ragots, et notamment Dion Cassius, prétendent que cet empereur

avait des pratiques sexuelles biscornues et faisait jeter aux fauves ceux qui trouvaient son attitude critiquable.

Ce qui est fascinant, c'est que, quand meurt cet énergumène drôlement secoué du cerveau, mon territoire s'est encore étendu, et l'économie s'est développée. J'ai un côté magique, je le reconnais.

Résultat des courses : au début du IIIe siècle, moi, Rome impériale, je suis deux fois plus grande qu'à la fin de la République. Les royaumes fidèles ont été transformés en provinces ; de nouveaux territoires ont été conquis (au Moyen-Orient, le long du Rhin et du Danube, en Bretagne...), même si certaines de ces conquêtes restent fragiles ; la mer Méditerranée est sous ma coupe ; dorénavant, mon Empire s'étend loin en Europe, en Asie, au Proche-Orient, en Afrique... Et toutes les décisions militaires viennent de mes murailles : c'est là que palpite le cœur de ce corps immense.

Désormais, le contrôle n'est plus seulement militaire (mon armée est la plus forte) : il est aussi administratif (mes dignitaires organisent les territoires que je contrôle). Ainsi, l'empereur Hadrien est resté célèbre pour ses voyages incessants : pour me gouverner, disait-il, il faut aussi bien maîtriser les provinces lointaines que mes vieilles ruelles. Il n'hésitait donc pas à les visiter lui-même... et, à l'occasion, à châtier de sa main des procurateurs (c'est-à-dire les gens qui gouvernaient là-bas) qui lui semblaient avoir trahi ma cause.

L'Empire

Tout va bien ? Apparence. Il faut se méfier de l'eau qui dort. En réalité, je fonce droit dans la muraille, et la plupart de mes habitants n'en ont pas conscience !

48.

L'infini a ses limites

Jusque-là, mon histoire est plutôt simple, en tout cas pour mes habitants ! En voici un résumé : au début, il y avait une cabane, celle de Romulus ; puis, il y a eu des guerres, et, peu à peu, avec l'aide des dieux, la cabane est devenue une ville, *la* Ville, qui l'a emporté sur d'autres villes ; elle est devenue un État, et cet État lui-même l'a emporté sur d'autres États. Bientôt, la Ville sera la capitale du monde entier, et l'Histoire sera terminée.

Pourquoi en douter ? En quelques siècles, mon Empire s'est immensément agrandi, et les institutions ont évolué avec lui. Un exemple : pour me gouverner, plus besoin d'être né dans ma cité. Les empereurs peuvent être des provinciaux, des Syriens ou des Africains, par exemple. Du moment qu'ils remplissent correctement leur tâche de chef, qu'importe leurs origines, leurs lieux de naissance et leur langue maternelle ! Ce sont des citoyens de l'Empire, ce sont des Romains, il n'y a que ça qui compte.

Un jour, pourtant, alors que les Romains ont l'impression de maîtriser l'univers, quelque chose d'extraordinaire survient : Ptolémée[1] publie une carte du monde. Oh, bien sûr, *a priori*, une carte du monde, ça nous semble banal. Mais ça n'était pas si banal que ça, à l'époque ; et, en plus, ce planisphère était ré-vo-lu-tion-naire !

Celle qui était communément admise jusque-là montrait que l'Empire dominait le monde entier. On ne me voyait plus comme une simple ville ; j'étais plutôt une déesse qui commandait à tout l'univers. Fasciné, un jeune provincial, Ælius Aristide, avait même rédigé mon éloge vers cette période. « Vous avez divisé, me lance-t-il, entre citoyens et non-citoyens toute la population de l'Empire ; et, en disant cela, j'ai désigné la totalité du monde habité. » Hors de mon Empire, il n'y aurait donc pas d'hommes ?

La géographie de Ptolémée renverse cette idée. D'après sa carte, mon Empire s'étend sur une partie de la Terre seulement. À l'est, au nord, au sud, on trouve d'immenses espaces mystérieux qui ne sont pas sous ma botte. Scandale ! Certains de mes habitants sont scandalisés. Moi, Rome l'éternelle, la divine Rome, je serais bafouée par un pseudo-savant de rien du tout ?

---

1. Ptolémée est un astronome-mathématicien-géographe grec, qui a vécu au IIe siècle après Jésus-Christ.

J'apprécie ce sentiment de scandale. Il prouve qu'on m'aime et qu'on m'admire. Cependant, ce que montre la carte de Ptolémée n'est pas une surprise : j'ai eu de sérieux avertissements, ces derniers temps. J'ai compris que même une ville sacrée avait des limites. En effet :

1) au-delà des provinces, tous mes territoires ne sont pas sous contrôle – mes légions ont ainsi dû se retirer de Mésopotamie, faute d'être parvenues à mater les rebelles ;

2) mes commerçants entretiennent des liens avec l'empereur de Chine : c'est la preuve qu'il existe d'autres empires que le mien ; et puis,

3) dans mon empire ou sur ses franges, des peuples acharnés, comme les Alamans (qu'on appellera plus tard « les Francs ») et les Perses Sassanides, harcèlent les territoires que je dirige.

Bref, mes citoyens et moi ne sommes pas seuls au monde. Le IIIe siècle va nous le rappeler brutalement...

49.

Qui veut s'acheter un empire ?

31 décembre 192. La nuit est tombée depuis quelques heures. Soudain, des cris dans le palais : Commode vient d'être assassiné. Une vieille tradition : ce n'est pas le premier empereur à périr de mort violente. Mais c'est le dernier représentant de la lignée des Antonins. Une période de changement s'annonce pour moi.

Ce n'est pas commode de succéder à Commode. Pertinax, son plus proche collaborateur, s'en rend bientôt compte. Il se retrouve devant une situation impossible : il n'y a pas un sesterce dans les caisses ! Pas étonnant. Commode n'était pas Vespasien. Il n'était pas réputé pour son gouvernement sage et ordonné. À ses yeux, l'argent était fait pour être dépensé, et il ne s'en est pas privé. Résultat : Pertinax ne peut pas verser la prime que les prétoriens (les soldats d'élite qui forment la garde rapprochée de l'empereur) reçoivent d'ordinaire quand un nouvel empereur arrive au pouvoir.

Le pauvre Pertinax n'y est pour rien, mais les prétoriens ne l'entendent pas de cette oreille. Même mes soldats d'élite sont humains. Ils veulent des sous. Comme on ne leur en donne pas, ils envahissent le palais et tuent mon nouveau maître. Puis ils décident que c'est à eux qu'il reviendra de choisir le prochain empereur. Pour obtenir leurs faveurs, ce n'est pas compliqué : ce sera à qui leur promettra la plus grosse prime. Ben oui, ils l'ont dit, ils veulent des sous, point barre. Je suis donc mise aux enchères. Le sénateur Didius Julianus emporte le morceau en déboursant une très, très forte somme. Quand même.

N'empêche, c'est fou. C'est incroyable. Mais c'est vrai. Un homme, un vulgaire mortel, s'est offert une déesse. Et pas n'importe laquelle : moi ! Quand la nouvelle parvient aux légions cantonnées aux frontières, elle les choque. Les dégoûte. Les révolte. Attention, les soldats ne sont pas heurtés par le principe ! Non, ce qui les chiffonne, c'est que les prétoriens – ces stars de l'armée, ces troupes d'élite qui ont toujours eu la grosse tête – s'imaginent qu'ils sont en mesure de faire ou de défaire un empereur.

Insupportable. Pourquoi ? Parce que ces messieurs se la coulent douce à Rome, tandis que le légionnaire moyen (et beaucoup moins bien payé) affronte les barbares dans des régions hostiles. Et voilà que ces prétoriens s'arrogent à présent le droit de commander tout seuls, comme si les autres citoyens (et surtout les autres soldats) n'avaient pas voix au chapitre !

Ça ne peut pas se passer comme ça ! Il n'en faut pas plus pour déclencher une guerre fratricide entre mes enfants.

Durée : quatre ans.

Moyens autorisés : tous, y compris les trahisons, les mensonges et les diverses fourberies.

Lois en vigueur : celle du plus fort, et celle du talion, qui consiste à rendre la pareille (« Œil pour œil, dent pour dent ! »).

Objectif : vaincre.

Morale de l'histoire : comme d'habitude, malheur aux vaincus.

Un exemple édifiant ? Voici comment Sévère, un sénateur libyen, l'a emporté sur ses ennemis :

1) il passe une alliance avec Albinus, son concurrent direct ;

2) il marche sur Rome pour éliminer Didius Julianus, lâché par ses prétoriens ;

3) il se fait reconnaître par le Sénat ;

4) il élimine (c'est-à-dire qu'il fait disparaître) un rival oriental ; et

5) il trahit Albinus, son complice, son ami.

À ce stade, il ne lui reste plus qu'à fignoler le travail : il provoque une bataille entre son armée et celle d'Albinus, nettement moins forte. Comme prévu, il écrase les troupes adverses. La suite, c'est Dion Cassius, mon reporter préféré sur cette époque, qui la raconte : « Lorsqu'il s'aperçut que la maison où il s'était réfugié était cernée, Albinus se tua. Voyant son cadavre, Sévère, après s'être rassasié les yeux, le fit jeter, à l'exception de la tête qu'il envoya à Rome pour la faire exposer sur un pieu. » Moyennant quoi, la famille de cet empereur bien sous tous rapports s'installe au pouvoir. Parce que la morale, c'est sympa ; mais, pour devenir empereur, la volonté et l'absence de scrupules sont plus efficaces !

50.

Sévère mais injuste

Avec les Sévères (ainsi s'appelle logiquement la dynastie que fonde mon nouveau chef), je vais changer. Ce n'est pas la première fois que je suis gouvernée par des princes nés ailleurs ; toutefois, aucun de ces provinciaux n'avait la poigne de Sévère.

Cet homme a la trempe et le comportement d'un parfait dictateur. Il augmente considérablement le nombre de mes soldats. Il alourdit l'administration afin d'être sûr et certain de contrôler l'ensemble de mon territoire, et pas seulement la cité mère. Pour payer ses nouveaux serviteurs, il double les impôts – et il a les moyens de faire payer les récalcitrants ! Enfin, il réduit l'influence du Sénat.

Quand il veut se faire obéir, il n'est pas très porté sur

la douceur. Il privilégie la terreur : c'est un « truc » injuste mais efficace pour convaincre ses concitoyens de s'incliner devant lui. Son entourage ne connaît pas grand-chose à la vie romaine ? Qu'à cela ne tienne : il suffit de changer les manières de vivre et de gouverner !

Parmi les nouveautés introduites par Sévère, celle-ci : l'homme qui dirige l'Empire devient définitivement un dieu. On l'appelle tout simplement « seigneur ». Et Sévère n'oublie pas sa femme, promue « mère des armées » et « mère de la patrie ». Toutefois, l'empereur garde quelques bons « trucs » de ses prédécesseurs. Ainsi, quand il remporte des victoires sur les Parthes, il marque dans ma chair ce succès : il bâtit un arc de triomphe sur le Forum, en son propre honneur. On n'est jamais si bien admiré que par soi-même !

Or, cette construction est intéressante. Car, des arcs de triomphe, il y en a déjà beaucoup dans mes rues, notamment sur le Capitole ou sur le Forum. Ils sont constitués de colonnes (qui symbolisent l'élévation de l'empereur au-dessus des simples mortels) et d'un toit triangulaire. Parfois, on les orne de statues et de bassins ; et, quand le triomphe est exceptionnel, on en dresse trois d'un coup. Il arrive même que les empereurs soient si fiers de leur triomphe qu'ils couvrent leurs arcs d'inscriptions à leur gloire. Au point que, parfois, un petit malin ajoute un graffiti à l'énumération des triomphes :

Ça suffit !

Bref, en édifiant un arc, Sévère montre qu'il a beau être différent d'eux (il a quand même épousé la fille d'un grand prêtre syrien – ce qui ne s'était jamais vu chez un empereur !), il cherche aussi à ressembler à ses prédécesseurs !

Ce mélange de nouveautés et de traditions traduit le paradoxe de la situation : je suis une ville toute-puissante, une ville invincible ; et néanmoins, je me vois dicter une loi de fer par des chefs issus de peuples que j'ai soumis il y a belle lurette !

Dès lors, puisqu'un empereur « provincial » imite les autres empereurs « romains », on s'aperçoit que je ne suis plus une ville avec de vastes dépendances. Je suis de plus en plus unie. Et cette unité entraîne une révolution !

En 213, en effet, le successeur de Sévère, Caracalla, prend une décision stupéfiante. Cet empereur (« un peu fêlé », jugent aujourd'hui certains historiens), célèbre pour les thermes qu'il a fait construire et le *caracalla*[1] qu'il portait, décrète que chaque homme libre né dans l'Empire est un citoyen romain. Il ne le décide pas par bonté d'âme ou par conviction politique, mais plutôt sous la pression de ses financiers : l'objectif de sa mesure est de faire payer des impôts à un maximum de gens ! C'est néanmoins le signe que je suis devenue un *ensemble* immense, dont tous les membres sont égaux, même si certains le sont plus que d'autres...

1. Le *caracalla* est un long manteau à capuchon d'origine celte que l'empereur trouvait très confortable. C'est un peu comme si on avait appelé un chef d'État du XXIe siècle « Bandana » parce qu'il appréciait de porter un corsaire.

51.
Histoire de l'homme qui aimait une pierre

Caracalla n'a pas trente ans quand il meurt assassiné. Macrin lui succède. Problème : mon nouveau chef n'est pas très fin. Disons même qu'il accumule les erreurs.

La moindre de celles-ci, c'est de réduire le salaire des jeunes soldats, faute d'argent. Là, le nouveau prince novice perd en popularité, mais il peut encore se maintenir.

Hélas ! pour lui, il commet une autre erreur, plus grave : il décide de me gouverner depuis Antioche. Il aime Antioche, il se sent bien à Antioche, pourquoi irait-il s'embêter dans mes vieilles rues qui ne lui disent rien ? L'Empire a une bonne administration, il faut en profiter !

Pourquoi pas, en effet ? Parce que :

1) c'est une faute de goût que je trouve ri-di-cule ;

2) loin de mes murailles, la moindre bourde est désastreuse.

Or, pour soulager ses légions, Macrin décide d'arrêter la reconquête de la Mésopotamie. Les soldats sont... furieux : après avoir baissé leurs soldes, voilà que l'empereur ne leur donne même plus la possibilité de compenser leur manque à gagner en les laissant piller à loisir les villages conquis !

C'est alors qu'une femme richissime, Julia Maesa, de la famille de Caracalla, tente un gros coup. Le pouvoir vacille ? Elle saute sur l'occasion.

Elle soudoie une légion et, grâce à ses mercenaires, fait éclater une guerre civile en Syrie. Macrin tente de mater la rébellion, mais lui et son fils sont tués. Aussitôt, Maesa part pour Rome avec son petit-fils, qui devient son poulain vedette.

Son nom : Varius Avitus Bassianus. Tout un programme.

Sa particularité : être un adorateur et un grand prêtre d'un dieu syrien, Elagabal (d'où le surnom du jeune homme : Héliogabale).

Avec Maesa et Héliogabale, vous voyez combien la lutte pour le pouvoir s'est progressivement élargie.

D'abord, elle est réservée à quelques rares nobles triés sur le volet.

Ensuite, de riches Romains entrent dans ce jeu dangereux.

Après quoi, des élites formées en province accèdent au rang tant convoité de prince (c'était le cas de Sévère).

Macrin fait encore plus fort en réussissant à gouverner quelques années mon Empire hors de mes murailles.

Et voilà qu'à présent, mon sort se joue en Syrie !

En un sens, c'est une sublime réussite. Je forme bien un tout.

Un tout administratif : l'empereur a des relais officiels bien organisés, chargés de communiquer et d'appliquer ses décisions en province.

Un tout politique : avec un peu d'audace et beaucoup d'argent, les classes supérieures de chaque province peuvent *a priori* espérer compter un prince dans leurs rangs.

Mais ce « tout » est aussi un échec, car il ne me permet pas de rayonner davantage. Héliogabale en donne un exemple.

Pendant le règne de cet homme qui vient de très loin, il ne se passe RIEN. L'empereur laisse gouverner sa famille, qui ne prend aucune décision militaire notoire, aucune décision législative remarquable, aucune décision politique d'importance. Lui-même n'a qu'une obsession : la religion. C'est un fanatique. Un extrémiste. Un fou de dieu. Il vénère une pierre, le bétyle, qui abrite la puissance qu'il adore, Elagabal. Depuis que mon territoire englobe des mondes très différents, et surtout depuis que les empereurs viennent de province, les dieux adorés dans mes murs sont très variés. Mais un empereur à ce point obsédé par une pierre, c'est nouveau !

Le monde d'Héliogabale tourne autour d'Elagabal. Héliogabale prie Elagabal, Héliogabale pense Elagabal,

Héliogabale vit Elagabal. Il fait venir le bétyle de Syrie en grande pompe (la procession dure un an !). Il ne s'habille pas comme un Romain, préférant garder son costume de grand prêtre. Son premier souci est d'édifier un immense temple sur le Palatin pour y déposer la pierre vénérée.

Afin de servir son dieu, il est prêt à en faire davantage. Dans le temple qu'il a construit en l'honneur d'Elagabal, il réunit toutes les reliques de Rome, toutes les statues de dieux et de déesses importants. Il marie son dieu avec une déesse de Carthage : ainsi, l'ensemble de l'Empire est concerné par cette religion !

Malheureusement pour lui (et pour Elagabal), il est incapable de voir plus loin que le bout de son temple. Son fanatisme finit par effrayer sa famille, certes acquise à sa cause mais avant tout soucieuse de conserver le pouvoir. Une révolution de palais renverse le puissant illuminé, portant au pouvoir Alexandre-Sévère, qui ne gouvernera pas longtemps.

Ainsi, mes empereurs se succèdent, ne se ressemblent pas, mais ne paraissent jamais en mesure de maîtriser l'immensité de mon territoire ! Alors, mon Empire a-t-il déjà fait son temps ? En tout cas, il semble à nouveau malade...

52.

À la recherche des nouvelles stars

Après Alexandre-Sévère, qui succède à Héliogabale, un empereur hors normes prend le pouvoir. Il s'appelle Maximin, ce qui n'est pas génial, mais bon ; son originalité, c'est de ne pas être né à Rome : il a vu le jour dans les Balkans (mes historiens antiques traitent ce Thrace de « demi-barbare », c'est-à-dire d'étranger parlant mal le latin). Il a commencé sa carrière comme soldat, et s'est fait aimer de ses troupes parce qu'il est grand, fort et méchant. Il mène une guerre triomphale en Germanie et en envoie le récit enflammé au Sénat, histoire de dire : « Regardez comme je suis fort ! »

Hélas ! ce récit enflammé fait long feu. En effet, la gloire de Maximin est immense (il est « le premier simple soldat à accéder à l'Empire par la seule volonté des soldats », dira Eutrope), mais elle est éphémère. C'est à l'extrémité sud de mon Empire, en Afrique, que va se jouer le destin de la nouvelle star.

Une révolte éclate, qui voit émerger deux nouveaux dignitaires : Gordien et son fils. Pas étonnant qu'un tel événement ait lieu en Afrique. En effet, l'Afrique est une province riche et prospère ; depuis ce continent, des bateaux chargés de blé partent souvent me ravitailler. Or, cette province en a ras la galère de payer pour financer les conquêtes d'un empereur obsédé par la guerre et le pillage. En plus, mon chef est à des milliers de kilomètres – ce qui signifie :

1) qu'il n'est rien, pour les provinciaux ;

2) qu'il n'y a, *a priori*, pas de raison de le craindre.

Toutes les conditions étant réunies, Gordien, un vieux sénateur, proconsul d'Afrique en exercice, en profite donc pour s'emparer du pouvoir. Il est appuyé par l'ensemble des sénateurs, qui se disent : « Chic ! voilà quelqu'un qui va nous redonner de l'importance. » Et il est aussi appuyé par le chœur des notables, qui se disent : « Chic ! Gordien est un noble, il est donc des nôtres, ça nous changera de ce vaurien de Maximin. »

Mais l'homme a beau être acclamé par ses pairs, il hésite. Un historien romain évoque ainsi les scrupules de ce nouvel héros : « Il se roulait par terre pour éviter d'être choisi, mais on le força à accepter. » La scène est un classique du notable aux dents longues. Plutôt que de supplier les autres de lui donner le pouvoir dont il rêve, il préfère qu'on le conjure d'accepter ce pouvoir. La preuve : une fois qu'il s'est bien roulé par terre, Gordien se relève, s'époussette et accepte d'être Auguste. Mal lui en prend : il meurt avec son fils dans la première bataille qu'il livre pour conserver la charge qu'on lui a confiée.

Une poétesse a écrit :

On se croit irremplaçable,
Mais on n'est finalement
Qu'un infime grain de sable
Entre les griffes du vent.
Il arrive aussi qu'on gagne,
Mais on perd au prochain coup.
On déplace des montagnes
Qui ne sont que des cailloux...

Eh bien, c'est exactement ce qui arrive à Gordien : comme tout homme irremplaçable, il est rapidement remplacé. Le Sénat met deux chefs à ma tête, ainsi que le voulait la coutume... sous la République ! Cette solution ne tient pas longtemps ; et, à partir de cet instant, les empereurs se succèdent à une vitesse folle. Aucun ne réussit à asseoir son autorité de manière stable.

Ville géante, empire tentaculaire, je semble décidément trop vaste. J'ai la tête qui tourne. Difficile de coordonner mon corps, qui devient incontrôlable. Comment gouverner quand deux souverains sont parfois simultanément au pouvoir, tandis qu'un troisième homme prétend les détrôner, appuyé par les armées de l'autre bout de l'Empire ? Réfléchissez à la question, puis regardez la solution dans les pages qui suivent...

53.

Le chapitre dont vous êtes le héros

Énoncé du problème : vous êtes un empire qui fuit de toutes parts. Étouffez une révolte ici, un nouveau prétendant au trône se dresse là ! Éteignez une flambée de violence à l'Est, la voici qui rejaillit à l'Ouest ! Comment allez-vous réussir à calmer le jeu ?

Vous avez pensé à vous appuyer sur l'armée ? Pas bête.

L'armée a fait ses preuves : elle m'a permis de grandir, puis de me maintenir et de continuer à entreprendre quelques conquêtes. Mes soldats sont efficaces, courageux et volontaires. Ils savent que, s'ils exercent convenablement leur métier, ils monteront (peut-être) en grade et progresseront (peut-être) dans la société, même s'ils sont nés dans des milieux pauvres ou au cœur de provinces défavorisées. Maximin n'a-t-il pas été reconnu empereur grâce à sa valeur militaire, alors qu'il parlait mal le latin et ne résidait pas dans mes murailles ?

Mais, vous vous en doutiez, il y a un souci. L'armée est insoumise. Elle en prend à son aise. Elle agit à sa guise. Elle n'hésite pas à marcher contre moi, à se rebeller, à imposer ses candidats pour me gouverner. Elle est prête à se mettre au service de ceux qui payent sesterce sur ongle. Bref, trêve de rêve : le glaive n'est pas un bon médicament pour me guérir.

Donc *exit* l'armée. Une autre idée ? Non ? Bon, je vous donne un indice. Pour durer, un chef devrait être partout à la fois. Il devrait se trouver simultanément :

1) entre mes murailles pour diriger les affaires ;

2) en province pour inspecter les légions et s'assurer de leur soutien ;

3) çà et là pour visiter les procurateurs et vérifier qu'ils travaillent dans l'intérêt de tous et conformément à ce qui leur a été demandé.

Comme l'ubiquité est un don peu répandu, Vectius Sabinus trouve un principe assez malin : « Nommons deux empereurs ; l'un pour les affaires intérieures, l'autre pour la guerre, l'un qui réside dans la Ville, l'autre qui dirige l'armée. » Eh oui : puisqu'un chef n'y suffit pas, nommons-en deux ! Vous y aviez pensé, vous ? Oui ? Ben, c'est ingénieux, mais c'est terrible... En effet, avec sa proposition, Vectius Sabinus reconnaît que l'homme providentiel habituel, cet empereur divin qui me sauve et me conduit vers mon destin glorieux, cet être miraculeux typique que j'attendais ne correspond plus à ce dont j'ai besoin.

Tout seul, un être humain, même divinisé, ne suffit pas pour me maîtriser. Deux suffiront-ils ? Ils auront fort à faire.

Car, en attendant mes sauveurs, je ne me craquelle plus, je me fissure ! J'ai beau protester, glapir : « Assez ! Cessez ces sécessions ! », personne ne m'écoute dans mes propres provinces. Provocation suprême, la Gaule proclame en 258 son indépendance ; et c'est un de mes soldats, Postumus, le gouverneur des Gaules, qui prend le titre d' « empereur des Gaules ». L'homme n'est pas foncièrement mauvais. Il sent juste que le pouvoir central vacille et que, pendant ce temps, il doit aider les Gaulois, menacés par des tas d'envahisseurs (en particulier des hordes de redoutables Alamans).

Gallien, mon souverain officiel, est quand même furieux. Il envoie mes légions contre Postumus. Les premières victoires ne suffisant pas, il lance des renforts à la rescousse. Ces soldats frais accomplissent des horreurs, qui ne suffisent pas à déstabiliser le nouvel empereur gaulois. Au contraire. Elles soudent les familles et les clans des victimes. Mais l'usurpateur doit à son tour faire face à d'autres usurpateurs. Il les réduit à néant... avant de commettre l'erreur fatale : tenter de calmer ses soldats qui veulent y aller de leurs petits pillages. Peu après ce crime de lèse-militaires, il est assassiné. Ses hommes préféraient les sous à leur chef.

Les successeurs de Postumus poursuivent la politique du défunt, qui en un sens m'arrange bien :

1) absence de confrontation avec *mes* empereurs, les vrais ;

2) protection des frontières des trois provinces qui forment « les Gaules ».

En somme, l'empire des Gaules est une succursale de Rome, chargée de se débrouiller toute seule. Jusqu'au jour où Aurélien, l'un de mes empereurs, agacé par d'autres sécessions, décide de reprendre mon territoire en main. Il faut dire que, depuis l'Égypte, Zénobie (ce n'est pas une insulte, c'est son vrai nom), reine de Palmyre, l'a sacrément agacé : cette peste a résolu ni plus ni moins de prendre le contrôle de tout l'Orient romain.

C'est l'alerte rouge !

54.

L'Empire s'éclate

Et si nous nous éloignions de la Gaule pour voir un peu ce qui se passe pendant ce temps plus près de mes murailles ?

Aux alentours de 250, rien ne va plus. Les routes n'étant plus sûres (les barbares rôdent), mon commerce s'effondre. Mon agriculture s'effondre. Mon artisanat s'effondre. Ma monnaie s'effondre. Et, les malheurs arrivant toujours comme les touristes sur les plages (donc en cohortes), la peste bubonique tue plusieurs milliers de mes habitants. Mes frontières aussi sont menacées. Des peuples qu'on croyait matés se réveillent. Déferlent ainsi sur mon Empire : les Vandales, les Saxons, les Goths (qui remontent le Danube à grands coups de glaive), et les fameux Alamans, emmenés par le terrible Crocus, un chef de guerre sans pitié qui détruit tout sur son passage... pour obéir à sa mère, affirme Grégoire de Tours, un historien du VIe siècle.

Afin de contrer les barbares, l'empereur Philippe envoie un sénateur, Dèce, qui remporte une belle victoire sur les envahisseurs. Youpi, la guerre est finie ! Oui, mais... Fort de sa victoire, Dèce se fait proclamer empereur par ses troupes. Lui qui devait stabiliser le régime, voilà qu'il renverse le pouvoir en place...

Le nouvel homme fort continue son règne en lançant les premiers grands massacres de chrétiens après Néron. D'ordinaire, les religions importées de différents coins de mon Empire, se côtoient sans heurt entre mes murailles. Mais, entre les empereurs et les chrétiens, ça s'est longtemps mal passé. À cela, trois raisons.

1) Les chrétiens sont de mauvais citoyens. Comme certains philosophes, ils refusent l'autorité tyrannique de l'empereur. Ils refusent de reconnaître que ce tueur arriviste est un dieu. Ils refusent de louer les dieux païens. Ils ne peuvent donc présenter aux autorités le certificat prouvant qu'ils ont offert les sacrifices de rigueur. Ce qui les prive du droit d'exercer certaines professions, placées sous la protection de dieux « païens ». Bref, les chrétiens sont des marginaux insoumis qui remettent en cause les fondements de la société romaine. On doit les punir !

2) Il manque des gens à trucider ! C'est moins le cas à Rome, mais, dans certains coins d'Asie, on a besoin de condamnés à mort pour nourrir les Jeux. On déguise alors

criminels et chrétiens en personnages de la mythologie, et, dans l'arène ou sur une place publique couverte de sable, on leur fait jouer des scènes qui se terminent par une mort atroce et spectaculaire (il est aussi arrivé que, faute de chrétiens, on tue des juifs).

3) Des historiens du XXe siècle affirment que les assassinats de chrétiens n'étaient pas de la faute des empereurs. Certes, un chrétien insoumis, qui viole par exemple la loi en refusant d'adorer l'empereur, risque de très lourdes peines. Mais, ajoutent les chercheurs d'aujourd'hui, certains membres de l'Église auraient juste eu envie de se suicider pour faire de la pub à Jésus (« Votre cruauté est notre gloire », déclare ainsi un célèbre chrétien à ses tortionnaires), montrer un exemple aux communautés chrétiennes et assurer leur salut éternel. La preuve ? Au début, ces « témoins » (c'est le sens étymologique de *martyrs*) se font surtout sanctionner dans les villes, où ils peuvent être vus en train de mourir fièrement, ce qui serait une preuve de... mauvaise foi. Le martyr chrétien serait un volontaire cinglé ; et, pire, il serait malin : il réussit parfois à retourner le spectacle contre ses organisateurs. En effet, certains martyres[1] sont si horribles que le public s'indigne, et l'empereur est obligé de cacher les corps des suppliciés... avant qu'un mouvement de sympathie en faveur des chrétiens ne se développe.

En réalité, quand ils sont inquiétés, c'est-à-dire souvent, les fidèles de Jésus ont le choix entre se cacher, obtenir des

1. Le martyr est une personne suppliciée au nom de sa foi chrétienne. Le martyr*e* désigne les tourments qu'elle endure... et sa mort.

certificats truqués moyennant force pièces d'argent... ou être spoliés par mes dignitaires et leurs sbires. Dans ce cas, on en profite pour les supplicier de diverses manières, et certains assumaient ce danger avec un courage stupéfiant. Ainsi, de saint Ignace d'Antioche, contemporain de Plutarque, qui s'écriait malgré les persécutions : « Venez feu et croix, troupeaux de bêtes, lacérations, écartèlements, dislocation des os, mutilation des membres, mouture de tout le corps ! » De fait, le choix des tortures est vaste. Outre les possibilités évoquées par le martyr, on peut par exemple :

1) les décapiter ou leur faire affronter à main nue des gladiateurs (on raconte ainsi que sainte Perpétue a guidé la main de son adversaire vers son cou, car il hésitait à faire ce pour quoi il était là : l'égorger) ;

2) les donner à grignoter à des lions (en 177, à Lyon, une cinquantaine de chrétiens, parmi lesquels sainte Blandine et saint Pothin sont restés célèbres, sont offerts en repas aux fauves) ;

3) les lapider (dans le Nouveau Testament, saint Paul raconte la mort d'Étienne qui, après avoir prononcé un discours, est entraîné hors de la ville par une foule hurlante puis criblé de pierres) ;

4) les brûler à feu vif (saint Laurent a ainsi demandé à son bourreau de le retourner sur son bûcher, puis a constaté : « C'est cuit ! Mange et expérimente si c'est meilleur cru ou rôti ! » ; ces exemples de courage étaient parfois tels qu'une spectatrice, un jour, se serait mise nue

et jetée dans les flammes pour partager la fin atroce d'un martyr) ;

5) les crucifier (à un bourreau qui venait de le clouer et lui proposait une dernière fois d'abjurer, Pionios aurait répondu avec flegme : « J'ai bien senti qu'ils sont fixés ») ;

6) les prostituer (pas toujours avec succès : quand on a exposé Eiréné nue dans un bordel de Thessalonique, aucun homme n'a osé la violer, et pas parce qu'elle était moche).

En fait, le massacre à grand spectacle de chrétiens réunit trois de mes éléments essentiels : la religion, le « show » et la manifestation tangible du pouvoir absolu de l'empereur. Ce qui explique son importance... Mais la politique haineuse que mène Dèce ne lui porte pas chance : en 251, il meurt au combat.

Et la valse des soldats mutinés, des criminels impunis, des meurtriers fratricides, des usurpateurs de tout poil reprend. Un résumé ? Attention, ça va aller très vite ! Émilien est nommé empereur à la suite d'une victoire sur les Parthes, puis menacé par Trébonien-Galle, qui est assassiné par les hommes d'Émilien, qui assassinent peu après Émilien lui-même, au profit de Valérien. Il faut suivre !

Pendant ce temps, évidemment, je perds un peu de mon lustre. Je sais qu'il faut toujours prétendre avoir la pêche, être en superforme et s'éclater. Mais j'avoue, j'ai connu des jours meilleurs... et les chiens profitent de ma faiblesse pour me harceler et me mordre les flancs !

Les Goths attaquent mes territoires en Asie avec succès ; les Alamans et les Francs envahissent la Germanie, les Gaules, atteignant même les Pyrénées et les Alpes ; les Berbères se révoltent en Afrique ; et les Perses s'en prennent à l'Orient romain, et notamment à la Syrie. Ce n'est pas encore la curée, mais l'hallali ne paraît pas loin.

Un empereur ne suffit plus : on réessaye une fois de plus avec deux. Je suis divisée en deux commandements distincts. Valérien s'occupe de l'Est, Gallien de l'Ouest. Entre deux victoires militaires, Valérien se remet à massacrer les chrétiens. L'objectif : plaire aux sénateurs, qui aiment ça, et montrer au peuple que c'est lui le patron et qu'il fait ce qu'il veut. Sauf que le patron et ses aides de camp sont capturés sur un champ de bataille par les Perses, qui, eux aussi, font ce qu'ils veulent. Ils emportent Valérien et ses séides. Aucun Romain ne les reverra plus jamais.

Désormais, Gallien gouverne seul. C'est une bonne nouvelle pour lui. Il a du pain – disons même qu'il a une grosse miche de campagne – sur la planche. Je suis toujours en danger. Aussi mon nouveau patron prend-il immédiatement deux mesures.

Première mesure : il arrête les massacres contre les chrétiens, peut-être pour réunifier les Romains, certainement pour marquer sa volonté de limiter le pouvoir du Sénat. Lui aussi, c'est un patron, et il entend que ça se sache !

Seconde mesure : il réorganise l'armée en Gaule. Il faut bien commencer quelque part.

Le résultat est quasi instantané (les barbares reculent en Gaule) mais clairement insuffisant (les Germains, les Goths et les Boranes ne désarment pas).

Et mes territoires continuent de se diviser. J'étais double, je deviens triple :

1) Gallien est chargé du pourtour de la Méditerranée ;

2) en Orient, c'est Odénath qui règne en maître ;

3) à l'Ouest, Postumus puis ses successeurs sont les seigneurs.

L'éclatement de mon Empire semble inéluctable. Je suis trop grande, mes notables n'arrêtent pas de le répéter. Mais quoi ? Veut-on en tirer les conséquences, c'est-à-dire démanteler mon territoire en petites parcelles ? Personne n'oserait. Ce serait un sacrilège. Écarteler une citée sacrée, découper mon si vaste et si glorieux pays... Impensable ! Alors, comment faire ?

55.

Chaos debout

Dans les moments de très, très grave crise, j'ai toujours trouvé des hommes qui m'aident à continuer « malgré tout ». Cette fois, à défaut d'homme providentiel, je me contenterais d'un gouverneur même médiocre. Ça doit exister, non ?

En quarante ans, sept individus vont essayer de le prouver en s'emparant du pouvoir. Ils ont une seule idée en tête : m'éviter de partir en lambeaux. Et en profiter pour prendre mes rênes.

Premier de cette série, Claude bat à plate couture les Goths. Aurélien prend le relais et élimine la reine de Palmyre, Zénobie, avant de régler leur compte aux empereurs gaulois qu'on avait laissés en plan tout à l'heure.

Victorieux, ce dernier est aussi ambitieux. Il se lance alors dans des travaux importants et significatifs. Comme beaucoup de ses prédécesseurs, il tient à construire un temple ; il renoue ainsi avec la tradition des grands empereurs. Mais il va plus loin ! Inquiet pour ma sécurité, il ordonne l'édification d'une muraille autour de moi. En effet, les barbares sont menaçants, dangereux, puissants. Un jour, ils pourraient très bien arriver à mes portes. Pour me protéger, une muraille s'impose.

C'est une révolution ! Celle qui existait du temps des rois a disparu, et aucun empereur ne s'est donné la peine de construire des remparts dignes de ce nom. Ainsi s'affirmait la confiance de Rome en sa force : « Vous n'avez pas négligé les remparts, observe Ælius Aristide, interdit, mais vous les avez placés autour de l'Empire, non autour de la cité. »

Signe que j'étais un immense territoire uni : j'étais entourée d'un *limes* (c'est-à-dire de murailles et de postes de garde), situé parfois à des milliers de kilomètres de mes rues !

Pourtant, le danger poignant, il s'agit cette fois de construire des remparts autour de moi. Deux critères : rapidité et solidité. Mes meilleurs maçons sont mobilisés, et, en une dizaine d'années (*rapidité*, ça ne veut pas dire « miracle »), un rideau de briques d'une vingtaine de kilomètres de long est élevé.

La muraille est assez impressionnante pour décourager des soldats qui n'ont pas l'habitude de ce genre d'obstacles (c'est le cas des barbares, et notamment des Goths). En effet, elle culmine à 6 m et atteint 3,50 m de large. Tous les 30 m, une tour carrée permet aux soldats de viser les ennemis, en cas d'agression. En bas, une fermeture difficile à ébranler : à l'extérieur, une porte à double battant ; à l'intérieur, une herse[1]. Costaud !

Plus tard, Maxence consolidera la muraille et la bordera d'un large fossé, qu'il n'achèvera pas de creuser. Mais d'ores et déjà, la construction de ce monument montre que j'ai pris conscience de ma vulnérabilité. L'heure n'est plus où j'avais tout loisir de songer à entreprendre de lointaines conquêtes pour étendre ma superficie : je dois à présent penser à me défendre... contre mes propres enfants !

En 275, Aurélien rejoint la longue liste de mes empereurs assassinés. Aussitôt, la valse des chefs reprend : deux Augustes sont élus simultanément. L'un des deux, général, commandite avec succès le meurtre de l'autre. Il gouverne un peu, puis Probus s'empare du commandement et passe son temps à lutter contre les fauteurs de troubles. Habilement, il réussit à incorporer des barbares dans mon armée. C'est une vieille stratégie que j'utilise quand ça va mal : intégrer des éléments étrangers pour étayer mon pouvoir.

L'armée et la guerre sont les deux seuls centres d'intérêt de Probus. Cette double obsession paye : à force de batailles, il parvient à faire reculer les envahisseurs. Alors, profitant d'une accalmie, il demande aux soldats de reconstruire les provinces qu'ils ont contribué à détruire.

1. Une herse est une grille munie de pointes en bas, qu'on monte ou qu'on descend à volonté.

Mauvaise idée : peu après, il est tué par des soldats vexés d'être pris pour des maçons ou des paysans. Un conseil : ne jamais chatouiller l'amour propre d'une bande de brutes munies de glaives. Trop dangereux.

Résultat : privé de la tête de Probus, mon corps menace de se démantibuler. Me voilà de nouveau en proie au chaos. Raids de barbares, rébellions des légions, trahisons des hommes de pouvoir... Je suis désemparée. Je ne me demande même plus comment tenir. Juste : « Jusqu'à quand vais-je tenir ? » Et, à l'époque, aucun dieu ne vient me souffler de réponse.

Ou alors, je suis devenue dure de la feuille.

56.

La Ville : mode d'emploi

Si dure que soit la situation, je n'envisage pas d'abandonner. De laisser tomber mes habitants. On connaît tous des gens qui sont vos meilleurs amis quand tout va bien ; puis, dès que vous avez un souci, ils vous fuient. Parce que vous êtes moins rigolo (ben tiens !). Et parce qu'ils ont peur que les ennuis ne soient contagieux.

La lâcheté, ce n'est pas mon style. Je tiendrai. Pour mes habitants. Tant qu'ils ne se révolteront pas. Tant qu'ils voudront de moi. Tant qu'ils auront confiance en ma bonne étoile.

Par chance, les soucis politiques à l'échelle mondiale ne préoccupent guère la plèbe. Normal : quand on n'est pas riche, vivre dans la ville de Rome est un souci à temps complet. Et pas franchement une partie de plaisir. La vestale qui se plaignait jadis avait raison : d'une manière générale, il y a tellement de monde dans mes rues !

Juvénal, le geigneur professionnel, affirme que nombreux sont mes citadins malades à périr... d'insomnie ! Dans leur appartement mal isolé, les habitants des « immeubles de rapport » (c'est-à-dire pauvres) sont constamment dérangés par le fracas des chars passant dans les rues étroites, les meuglements des troupeaux qui ne veulent pas avancer, les cris de la foule qui déferle sous les fenêtres, les slogans hurlés par des citoyens en colère... et les cris effrayés de ces mêmes citoyens quand les vigiles entreprennent de les disperser sans ménagement !

Pour peu qu'ils logent aux abords des thermes, la coupe est pleine. « J'habite juste au-dessus d'un établissement de bains, gémit Sénèque dans une lettre à Lucilius. Imagine donc tous les genres de bruits dont mes oreilles ont à souffrir. Lorsque les sportifs s'entraînent et soulèvent avec difficulté leurs haltères de plomb en souffrant ou en faisant semblant de le faire, j'entends leurs sifflements, leurs respirations haletantes. Lorsque l'un d'eux, par chance, fait une pause et reçoit un banal massage, j'entends le claquement de la main frappant sur ses épaules et variant de sonorité, selon qu'elle se trouve à plat ou repliée sur elle-même. Et s'il arrive qu'un joueur de balle se mette à compter les points, c'est le comble ! Ajoute à cela les cris de celui qui se chamaille, du voleur pris la main dans le sac, de celui qui est tout content de faire des vocalises dans le bain. Ajoute encore le vacarme de ceux qui plongent dans la piscine en faisant gicler des gerbes d'eau. En plus de tous ces individus dont les cris sont en quelque sorte naturels, imagine l'épileur qui, pour faire remarquer sa présence, lance à intervalles réguliers ses glapissements aigus et ne s'arrête qu'au moment où il arrache les poils des aisselles d'un client en le faisant crier à sa place. Et puis voici le marchand de boissons avec ses braillements variés, le vendeur de saucisses, celui de gâteaux, et tous les employés des tavernes, chacun vantant sa marchandise avec sa mélopée caractéristique[1]... »

Sort-on pour faire un tour ? Malheureux ! Il n'est pas question de se promener pour son plaisir, quand on va à pied, explique Juvénal : « La foule pressée qui me suit me comprime les reins. L'un me donne un coup de coude ; l'autre un coup de poutre. Mes jambes sont couvertes de boue. Quelqu'un m'écrase violemment le pied, quelque autre me martyrise l'orteil. »

Passe-t-on devant une taverne ? Une fumée suffocante en jaillit, saisissant le badaud qui s'étouffe presque. Aperçoit-on enfin où l'on met les pieds ? Entre deux flaques de boue, on découvre des bouses et, juste à côté, quelques détritus indéterminables qui ressemblent à des lambeaux de tissu. On finit par les reconnaître, horrifié : ce sont des bouts de sa propre tunique, arrachés par la cohue !

Alors, une fois lancé dans la rue, on avance : c'est tout ce qu'on peut faire, et sans jamais présager de l'endroit où on va arriver (j'exagère un tout petit brin, mais ça me

1. Ces lamentations ont été traduites par Catherine Salles.

manquait !). Et l'on risque parfois sa vie – par exemple, quand on croise des chariots chargés de blocs de marbre. Les énormes pierres tanguent... oscillent... penchent de manière inquiétante... On crie, on se bouscule pour s'éloigner : celui qui se prendrait un bloc sur la tête ne serait pas beau à voir ! Les gaillards qui convoient le fardeau hurlent fort pour qu'on les entende malgré le brouhaha :

— Place, place ! Rrrrrâh, attention, par Hercule !

— Comment ça, attention ? C'est à vous de faire attention !

— Hé, dites donc, môssieur, je travaille, moâ, môssieur !

— Et moi, vous croyez que je cueille des fraises, peut-être ?

— Oh, toi, par Castor, t'as de la chance que j'aie les mains prises, sinon...

— Et toi, par Pollux, t'as de la chance que je sois pressé, sinon...

Quelques noms d'oiseaux plus tard, le danger est passé... Mais, soudain, une nouvelle clameur s'élève : voilà qu'arrive un sénateur ! Sa litière fermée de tous côtés, par mesure de discrétion et de précaution contre les mauvais garçons et les éclaboussures, est précédée par des gardes patibulaires. Ces mastodontes préparent le chemin du seigneur.

Les badauds qui sont le plus près, effrayés, se poussent spontanément. Ce faisant, ils bousculent ceux qui sont derrière. Aussitôt, ils sont renvoyés vers la litière. Les gardes interviennent, les repoussent sèchement. Et le jeu continue, jusqu'à ce que la litière soit passée.

Certains badauds restent par terre, pris entre deux feux, blessés, haletants, à moitié étouffés. On les invective :

— Va faire ta sieste ailleurs, bon à rien !

Le peuple de Rome n'est pas toujours très tendre avec les faibles – malheur aux vaincus, comme d'habitude : ceux qui restent sur le carreau risquent en plus de recevoir le contenu de ces grands vases de nuit qu'on vide par la fenêtre sans regarder.

Tintamarre, puanteur, bousculade : je vibre au rythme trépidant de mes nombreux habitants. Pour trouver la tranquillité, il faut monter : les citoyens les plus aisés habitent au sommet des collines ; les moins riches habitent sur les flancs. Le top, c'est le Palatin. Cicéron y achète une magnifique maison en 62 pour une somme qu'on dirait coquette si elle n'était monstrueuse : trois millions et demi de sesterces (soit environ un million de deniers... soit environ cent cinquante millions d'euros, estiment les chercheurs du XXe siècle). Ce qui est bien. Et important : les puissants doivent montrer qu'ils sont puissants en ayant de grosses maisons, comme les empereurs doivent montrer qu'ils sont imposants en construisant de gros temples.

Ceux qui n'ont pas de tels palais ne détestent pas forcément les « favorisés » : d'abord parce que ceux-ci peuvent les aider à vivre en leur remettant une obole ; ensuite, parce que certains éprouvent du plaisir à être dominés. Ça vous étonne ? Pourtant, aujourd'hui encore, il est très bien vu de « tout donner » et de « faire son maximum » pour son entreprise, même si votre salaire vous permet à peine de partir une semaine au camping de Palavas-les-Flots en été, pendant que votre patron s'offre un mois de safari au Kenya pour se remettre de *vos* efforts.

Le plus stupéfiant dans ces maisons, ce sont les jardins et surtout les fêtes. Car les riches ont au moins une qualité : ils savent s'amuser. Ils sont prêts à dépenser deux cent mille sesterces (cent mille euros) pour passer une bonne soirée à boustifailler dans de la vaisselle sertie de pierres précieuses. Tandis qu'ils bâfrent d'excellents plats (les esclaves les plus chers étaient les cuisiniers), une armada d'artistes, de musiciens, de danseuses sexy, de mimes viennent les divertir. L'aube ne point pas encore quand leurs pauvres favoris commencent un périple, parfois long, pour venir picorer les miettes qu'ils auront laissées après leur festin.

Cependant, plus on descend dans la plaine, plus les habitations sont laides et les quartiers surpeuplés. Sur les hauteurs, des maisons ; dans les vallons, des immeubles. Et ce n'est bien sûr pas la pauvreté qui attire la sympathie, mais la richesse. On raconte ainsi l'histoire de Codrus, qui n'avait « qu'un lit trop petit, six cruches, une petite table et une statuette » et qui perd ses non-richesses dans l'incendie de son logement. « Le comble de son malheur, commente le reporter, c'est que personne ne lui portera secours. En revanche, que le grand palais d'Asturicus s'écroule, et toutes les dames sont atterrées et horrifiées, les patriciens prennent le deuil, et le préteur suspend ses audiences et les renvoie à plus tard. »

Partout, des commerces mettent de l'ambiance dans mes rues : les plus chics sur la plus grande route, la très fréquentée *Via sacra* ; les plus misérables dans des quartiers spécialisés – c'est le cas par exemple des tanneurs, tous regroupés dans un même quartier au bord du fleuve, parce qu'une tannerie, ça sent super pas bon.

Des marchés animent la ville. Et quelle animation ! Autour des étals se pressent troupeaux bruyants et puants, acheteurs, badauds, bateleurs, pickpockets, guérisseurs, assassins, espions de l'empereur... et futurs clients des tavernes voisines – faire les courses, ça donne soif !

Ainsi, quand il est pauvre, mon habitant connaît à la fois les plaisirs de l'effervescence (c'est beau, une ville, le jour, quand ça bouge bien !) et les inconvénients du surpeuplement (c'est pénible, une ville, la nuit, quand on ne peut pas dormir !). Assurer sa subsistance au quotidien, survivre malgré les bousculades et jouir de l'existence autant que possible : voilà son programme.

Aussi, même dans la grande cité, les subtilités politiques lui échappent-elles le plus souvent. Parfois parce qu'il s'en moque. Parfois parce qu'on les lui cache. Mais une chose est sûre : quand ces subtilités n'ont plus rien de subtil et quand elles le frappent de plein fouet, il ne s'en moque plus. Plus du tout du tout du tout...

57.
Des détails de taille

Vers 275, je suis dans une mauvaise passe. Presque une impasse. Aurélien m'avait bien relancée. Dommage qu'il se soit fait assassiner dans une petite ville de Thrace...

Depuis, c'est la débandade. L'anarchie menace. Des empereurs éphémères assurent l'intérim : Probus – on l'a vu –, Numérien, etc. Ils se succèdent sans durer, jusqu'à ce que Dioclétien s'impose, en 284. Avec toujours ce même problème : impossible d'être partout à la fois. Et cette question apparemment insoluble : comment arrêter les barbares aux mille et un coins de l'Empire *et* combattre les usurpateurs *et* assurer ma sécurité *en même temps* ?

Impossible ? Dioclétien va quand même essayer. Après tout, il est empereur, gouverner est son boulot. Il s'attelle donc à la tâche et part lutter contre les Sarmates et les Germains. Pile à ce moment éclate en Gaule la révolte de ceux qu'on appelle « les bagaudes ». Agriculteurs privés de terre, artisans ruinés par les pillages incessants, soldats déçus, villageois dont les maisons ont été incendiées... Ce petit monde de desperados forme des bandes qui refusent l'autorité de l'empereur. Ils en ont assez d'être traités comme ils le sont, c'est-à-dire mal, très mal. Depuis dix ans, quand les barbares ne brûlent pas leurs villages, c'est l'armée elle-même qui, sous prétexte de rétablir l'ordre, en prend à son aise, s'appropriant les habitations (et les jolies habitantes) qui ont le malheur de se trouver sur son passage.

Trop, c'est trop. Quand il n'y a plus d'espoir, reste la révolte : c'est ainsi que se multiplient les bagaudes.

Un orateur romain, Mamertin, dénonce avec virulence ces rebelles : « Quels monstres odieux [...], ces paysans ignorant tout de l'état militaire et se prenant pour des soldats, ces laboureurs qui se firent fantassins et ces bergers cavaliers ! » On discute encore aujourd'hui pour savoir s'il s'agissait de vulgaires brigands ou de citoyens organisés ayant fait sécession. Mais, sur le coup, pour Dioclétien, cela importe peu. Il doit mater la rébellion. Or, il ne peut pas abandonner le combat qu'il vient d'engager. Il divise donc mon territoire et invite Maximien à être empereur en même temps que lui. Comme les deux hommes sont assistés chacun d'un petit jeune, on parle de « tétrarchie », c'est-à-dire de pouvoir à quatre.

Ça peut sembler bizarre. Pourquoi renoncer à une partie de moi quand on est au pouvoir ? Tout simplement parce qu'il faut que l'empereur, qui se prétend dieu, soit partout. Et la seule solution pour qu'il soit partout, c'est qu'il soit plusieurs. Ce qui signifie que, tôt ou tard, je finirai par être démantelée... Mais je ne veux pas y penser. Pas encore. Tant qu'il reste un peu d'espoir, il faut s'y accrocher. Si je dois mourir, que ce soit en rêvant de guérir.

Je dramatise, c'est mon côté latin. Car, objectivement, je ne suis pas si mal que ça, partagée entre deux autorités. Et puis je commence à être habituée : ce n'est pas la première fois que ça m'arrive. Enfin, si j'ai deux chefs, ils ne sont pas parfaitement égaux. Une hiérarchie les distingue : Dioclétien est « jupitérien », donc descendant de Jupiter, dieu suprême et âme du monde ; Maximien, lui, est « herculien », donc descendant d'Hercule, devenu immortel en récompense d'une vie d'efforts consacrés aux hommes – c'est bien, mais moins que d'être lié à Jupiter.

Qui dit « hiérarchie », dit « unité ». Mes quatre chefs travaillent ensemble pour préserver le plus longtemps possible ma gloire. Or, mon unité, Dioclétien y tient : il n'a pas adoubé un autre empereur pour rien ! Il développe donc l'administration. Ses agents sont partout. Chacune de mes provinces est dotée de gouverneurs fiables ; et les provinces elles-mêmes sont rassemblées en douze « diocèses », pour renforcer ma cohésion trop longtemps fragile.

Soucieux du détail-qui-n'en-est-pas-un, il s'attache aussi à unifier l'équipement de l'armée. Celui-ci est désormais *uniforme*. L'empereur jupitérien a en effet décidé que les casques, les armes et les tuniques des soldats seront fabriqués en série pour l'ensemble des légions. Cela permet de réaliser des économies (bienvenues, vu les dépenses engagées pour me réorganiser) tout en créant une identité du soldat romain, reconnaissable aux quatre coins de mon Empire.

L'empereur en chef s'active donc, bien qu'il ne soit pas apprécié par tous mes habitants.

Depuis sa prise de pouvoir, le coût de la vie a augmenté de manière phénoménale. Au point que, en 301, l'empereur impose un « édit du maximum » pour empêcher que les denrées ne deviennent trop chères. Mais cela crée de nouveaux mécontents, du côté des commerçants...

En plus, l'homme a ses mauvais côtés. Il aime la pompe et l'ostentation (son manteau est brodé d'or ; ses chaussures sont de pourpre, de soie et de pierreries), ce qui, dans ces temps difficiles, n'est pas apprécié. D'autant qu'il n'hésite pas à détourner l'argent de l'État pour se faire construire une magnifique maison. Ceux qui ont du mal à survivre l'ont mauvaise...

Enfin, l'empereur relance les persécutions antichrétiennes. Lactance, un chrétien, a donc de bonnes raisons de ne pas porter mon chef dans son cœur : « Dioclétien, cet auteur de tant de crimes, cet artisan de tant de maux, non content de tout ruiner dans l'Empire, dirigea ses attaques contre Dieu même. » Outre les persécutions, Lactance reproche à Dioclétien son injustice ; son égoïsme ; son goût pour l'innovation, qui l'effraie puisque Rome doit sa gloire au respect des traditions ; et sa manie de bâtir.

En effet, comme ceux qui l'ont précédé à ma tête, le tétrarque tient à marquer physiquement son passage dans mes murs. Basiliques, arsenaux, ateliers pour battre monnaie fleurissent sur son passage. Pour bâtir, il faut des bâtisseurs. Or, l'empereur ne s'embarrasse pas pour les recruter : Lactance explique qu'il trouvait là « une nouvelle cause d'exactions pour les provinces, obligées de fournir des ouvriers, des architectes, des chariots et tous les matériaux nécessaires pour la construction. »

Loué par les païens, vilipendé par les chrétiens, Dioclétien était-il un bon souverain ? Il a réussi, la chose est avérée, à réorganiser mon territoire ; donc, je l'aime bien. Mais, d'un autre côté, il va me précipiter dans la crise en décidant de prendre sa retraite après vingt ans de ce qu'il estimait être « de bons et loyaux services ». La tétrarchie qu'il avait inventée craque quelques mois à peine après qu'il a abdiqué. En effet, Dioclétien a désigné ses successeurs... ce qui rend fous furieux ceux qui sont laissés sur la touche et qui tentent, bien obligés, de s'emparer du pouvoir par la force.

Une fois de plus, je vacille. Est-ce une fois de trop ?

58.

C'est inconstant, un Constantin !

Quand Dioclétien se retire, en 305, une dizaine de prétendants briguent sa place avec voracité. Problème : le gâteau n'a que quatre parts, et aucun convive ne veut repartir le ventre vide ! Ils ont faim de gloire. Quatre ans plus tard, ils sont encore cinq « Augustes » à se disputer les miettes de mon autorité.

Un empereur, ce n'était pas assez ; cinq, c'est trop ! Limite ridicule. Je ne suis pas la seule à en avoir conscience. Mes chefs aussi aimeraient bien être uniques. Exclusifs. Aussi chacun tente-t-il d'éliminer les autres. Galère et Sévère sont attaqués par Maxence et Maximien. Les batailles sont âpres ; les empereurs sans pitié. Personnellement, je suis assaillie deux fois par mes propres armées.

Licinius réussit à se faire proclamer Auguste en Occident. Il s'allie avec Constantin, qui accepte de joindre ses forces à celles de son nouvel ami en échange d'une partie de l'Empire. Celui-ci est bien assez grand pour deux ! C'est du moins ce qu'il semble, jusqu'au jour où Constantin empiète exprès sur le domaine réservé de Licinius, qui lui déclare la guerre... et perd. De bataille en bataille, je me retrouve donc avec un unique chef : Constantin.

Pour s'assurer que tous mes habitants le soutiennent, Constantin s'appuie sur la religion. Celle-ci a toujours tenu un rôle essentiel chez moi. Mais, depuis quelque temps, à côté des adorateurs des divinités traditionnelles, se sont multipliés ceux qu'on a d'abord pris pour des sectaires, puis pour de dangereux illuminés, enfin pour des ennemis du régime : les chrétiens. Les massacres qu'on leur a fait subir n'ont pas suffi à les éliminer.

Alors, dès que Constantin arrive au pouvoir, il tente de se les concilier. Dans l'édit de Milan, en 313, il affirme que chacun a désormais le droit de pratiquer sa religion comme il l'entend. Lui-même serait devenu chrétien après avoir vu dans un rêve qu'il remporterait une victoire à une condition : qu'il se convertisse ! Une croix lui serait apparue, avec une devise en grec : *En toutô nika*, ce qui veut dire « Triomphe grâce à ceci ».

Tenté, Constantin se convertit, fait inscrire la devise sur le bouclier de ses soldats... et gagne la bataille qui l'oppose à Maxence. La religion change, mais le principe du rêve prophétique ne bouge pas !

Zosime, un païen du Ve siècle, situe la conversion de l'empereur un peu plus tard : « Lorsque Constantin fut maître absolu de l'autorité souveraine, écrit-il, il ne prit plus la peine de cacher la méchanceté de son caractère. » En effet, selon cet auteur, il n'hésite pas à tuer ses proches quand ils lui déplaisent. Ensuite, il va demander aux prêtres païens comment expier ses crimes. « Impossible », lui répondent ceux-ci. Alors, il rencontre un chrétien qui lui apprend que, s'il se convertit, il sera lavé de ses fautes et renaîtra à une vie nouvelle. Et c'est ainsi que Constantin aurait décidé de changer de religion pour devenir prêtre, prophète et roi de l'Église du Christ.

Seize siècles plus tard, bien malin qui pourrait dire : « Cette version est vraie, cette autre est fausse ! » D'autant que, dans un premier temps, Constantin entretient le flou sur ses convictions religieuses. Pourquoi ?

1) soit parce que, au fond, il continue de croire à son dieu préféré, le Soleil invaincu ;

2) soit parce qu'il ne veut choquer ni les chrétiens, ni les autres. On peut être croyant et pas idiot.

Rapidement, pourtant, il va donner des gages de bonne foi aux chrétiens.

En effet, en tant qu'empereur, il se déclare chef de l'Église. Il est agacé que tous les chrétiens ne soient pas d'accord entre eux, alors il invite à ses frais des évêques à Nicée, en Asie Mineure. Avec eux, il rédige un texte qui énonce les convictions des bons chrétiens. Ce *credo*, appelé

« le Symbole de Nicée », est encore récité de nos jours dans les églises catholiques du monde entier. Il proclame que le Christ est « Dieu né de Dieu, lumière née de la lumière, vrai Dieu né du vrai Dieu, engendré et non pas créé, de même nature que le Père, et, par Lui, tout a été fait... ». Pour Constantin, ce texte est une manière de rassembler les chrétiens, et surtout de les rassembler *derrière l'empereur*. Leur seul chef. Lui.

Toutefois, contrairement à Héliogabale, Constantin n'a pas que la religion en tête. À peine s'est-il installé au pouvoir, il entreprend de construire une nouvelle ville à la place de Troie. Puis il change d'avis et décide de la bâtir à l'endroit plus stratégique de Byzance, entre l'Orient et l'Occident. Cette ville, Constantinople, devient la capitale de l'Empire. On l'appelle même « la seconde Rome » ! C'est une révolution : je ne suis plus le centre du monde civilisé.

D'ailleurs, je ne sais pas si vous avez remarqué, mais ça fait un moment que je n'ai plus parlé de moi. Normal, j'ai perdu de l'importance, à cette époque. La lutte pour le pouvoir ne partait plus que rarement du Palatin ; et certains de mes empereurs préfèrent exercer leur autorité depuis d'autres cités. La fondation de Constantinople matérialise ces évolutions, comme, jadis, l'agrandissement de ma muraille matérialisait ma gloire croissante.

J'ai quand même gardé quelques avantages. Par exemple, mes sénateurs sont plus importants et trois fois plus nombreux que les sénateurs de Constantinople. Pipeau. Face à la ville nouvelle, je me sens vieille. Dépassée. Je ne fais pas le poids. Le cœur de l'Empire ne bat plus entre mes murs.

Moralité : vivez tant que vous voulez, durez, mais ne vieillissez pas. C'est trop triste.

59.
Il était plusieurs fois

Constantin meurt en 337. Aussitôt, ses successeurs potentiels s'affrontent et s'entretuent. Une habitude. À ce petit jeu, ce sont les trois fils de feu l'empereur qui sont les plus habiles. Ils réussissent à éliminer les autres prétendants, de sorte qu'il leur revient de se partager l'Empire, c'est-à-dire moi. Ou mon Empire, si vous préférez. Ou ex-mon-Empire. L'Empire que j'ai créé. Inventé. Façonné. Et qu'on m'arrache, à présent, pour le donner à une ville qu'on estime mieux placée que moi pour le contrôler.

Que des ingrats, voilà les hommes. Soyez belle, puissante, adorée, ils seront tous là, à vous courir après. Puis ayez un petit passage à vide, et vous vous retrouverez seule pour longtemps, et vous n'aurez plus qu'une peur : que quelqu'un vous découvre abandonnée... Car, s'il s'approche de vous, pas de faux espoir : ce sera pour vous écraser.

Autant dire que je me contrefiche de voir les fils de Constantin s'entredéchirer ensuite en famille. Je raconte un peu la suite pour que vous sachiez comment ça finit, mais, si vous voulez mon avis, ça n'a plus grand intérêt. Massacres entre arrivistes, voilà tout.

Dès 340, Constantin II engage les hostilités. Il est tué par son frère Constant, qui prend ainsi le contrôle complet de l'Occident, et s'installe à Milan, sa capitale. Dix ans plus tard, c'est au tour de Constant I de connaître un revers de fortune : il est renversé par un coup d'État militaire. Vengeur des siens, Constance, le dernier survivant, écrase l'usurpateur et devient le seul maître à bord.

Ça m'est égal.

Cette fois, l'empereur semble avoir trouvé le secret de la stabilité : il reste vingt-quatre ans au pouvoir. Mais, en 361, nouveau coup d'État : Constance est supplanté par Julien, un intellectuel païen porté au pouvoir par l'armée et qui cherche à limiter l'influence des chrétiens.

Ça aussi, je m'en contrefiche.

Comme au temps de ma splendeur, la religion a repris une place centrale dans le gouvernement de l'Empire. Un signe ? Quand Julien meurt, la première mesure de Valentinien, son successeur, consiste à restaurer la liberté religieuse. Un autre signe ? Quand l'empereur Valens meurt en tentant de repousser les Goths, certains disent : « C'est Dieu qui a puni un mécréant » ; et d'autres prétendent que ce sont les dieux qui ont puni un empire trop chrétien...

Les Goths ne s'embarrassent pas avec ce genre de problème. Ils réfléchissent à des questions beaucoup plus terre à terre ; par exemple, comment profiter de leur victoire ? Ils hésitent à poursuivre leur conquête : ils savent qu'ils n'ont pas les moyens de maîtriser la situation, après. Alors, ils demandent à lui être rattachés. Gratien, le nouvel homme fort d'ex-mon-Empire, réputé pour détester les païens, accepte et accueille en grande pompe le roi des Goths... à Constantinople.

Oubliée, l'antique Rome. *Has been*. Même pas décadente : dépassée. Un célèbre aristocrate français, racontant mes heurs et malheurs, conclut mon histoire en disant : « L'Empire finit comme le Rhin, qui n'est plus qu'un ruisseau lorsqu'il se perd dans l'Océan. » Pas très flatteur. Mais juste.

Malgré la nouvelle alliance, mon Empire (enfin, ex-mon-Empire) reste instable. Magnus Maximus, un militaire espagnol au nom prétentieux, décide d'affronter Gratien, qui est assassiné avant même le combat. Maximus réussit à soumettre la Gaule, l'Espagne, et l'Afrique. Alors qu'il a fait le plus gros du travail, il est tué par Théodose, un militaire qui se revendique comme chrétien.

Là, s'intercale un épisode que j'aime bien. Si vous avez tenu jusqu'à présent, ne le ratez pas.

Car Théodose s'empare du pouvoir, poussé par une double ambition : restaurer ma grandeur et assurer l'unité de *mon* Empire autour de lui.

Pour manifester son désir, c'est dans mes murs qu'il triomphe ; et pour montrer sa détermination, il mate une révolte en Macédoine avec une finesse tout impériale : il réunit quatre mille pauvres hères dans un hippodrome, et il les massacre.

L'Église tique. Théodose est excommunié pour quelques mois. Quelques années plus tard, il a été réhabilité ; et c'est lui qui impose le christianisme comme religion d'État. L'objectif : maîtriser les païens, et notamment les sénateurs, fidèles à mes divinités traditionnelles. Comme tous ceux qui cherchent à imposer une religion, Théodose préfère le bulldozer à la balayette. Donc il déblaye tout sur son passage. Il abolit les Jeux olympiques, qui étaient l'occasion d'honorer Zeus et Pélops ; en cela, il se contente de suivre l'exemple de Constantin, qui avait lui-même arrêté les combats de gladiateurs, contraires à la morale chrétienne. Il interdit aussi les rites publics des païens. Et il entreprend de démolir des temples, des sanctuaires, des statues...

Certains vieux notables tentent de le raisonner : le christianisme religion d'État, pourquoi pas ? Mais doit-on détruire pour autant des monuments riches de tant d'histoire ? Oui, on doit : l'empereur a décidé qu'il détruirait, il détruira. Il n'y a pas matière à discussion.

Alors, une épidémie d'assassinats frappe la cour impériale ; et une guerre civile éclate. Lors de la grande offensive, ma division apparaît clairement : les deux armées qui s'affrontent sont précédées par les effigies et les objets de culte de leurs dieux respectifs. Les païens entament le combat avec une ardeur telle que les soldats de Théodose tombent comme des cordes un jour de mousson. Mais Dieu, disent les historiens chrétiens, ne peut pas accepter cette situation. Il envoie une tempête sur le champ de bataille, ce qui trouble les mécréants ; et les chrétiens l'emportent finalement haut la main.

Victoire pour Théodose, celui qui voulait faire de l'Empire païen un Empire chrétien ! Mais l'homme est las. Il se retire à Milan et, à son tour, me divise en deux, afin que ses deux fils en aient chacun un morceau. L'histoire se répète...

De mon bel Empire uni autour de ma cité sacrée, il ne reste plus grand-chose. Et pourtant, il va survivre encore près de cent ans !

60.

La fin de la fin

Donc mon Empire est coupé en deux :

1) l'Occident revient à Honorius, qui s'installe à Ravenne avec une expérience politique et militaire limitée : il n'a que onze ans ;

2) l'Orient est offert à Arcadius, qui fait figure d'ancêtre à côté d'Honorius : il a dix-huit ans.

Même confié à des chefs d'armée expérimentés, le pouvoir est difficile à exercer. Partout, les révoltes éclatent, les invasions se succèdent. Romains d'Afrique en colère ; paysans furieux ; Wisigoths, Ostrogoths, Vandales, Saxons et Burgondes survoltés : tous ébranlent l'Empire. Quand les uns sont repoussés d'un côté, d'autres attaquent d'un autre.

En 410, les Wisigoths réussissent même l'impensable : ils me violent et me pillent de fond en comble. Alors que, normalement, ce sont mes enfants qui pillent les autres ! Quelque chose est cassé. Pour toujours.

Mon pillage est le dernier coup d'éclat du redoutable roi et chef de guerre wisigoth, Alaric Ier : il meurt la même année. Bien fait pour lui. Non mais ! Et ne soyez pas choqués. Vous savez pourquoi il s'est attaqué à moi ? Parce que je ne suis plus la capitale de l'Empire. Donc, ces lâches de barbares ont préféré me mettre à sac, plutôt que de défier la nouvelle vedette, Ravenne, trop bien défendue pour eux. Malin. Ouais. Mais couard.

Quel choc ! On ne me respecte plus. Et mes défenseurs sont impuissants. J'ai rendu l'âme. Je ne suis plus que l'ombre de moi-même. L'Empire lui-même est mort. Ou sur le point de l'être.

Car, loin de s'unir, les deux frères empereurs ne se font pas de cadeau. Quand les Huns envahissent l'Orient, Théodose II leur verse une grosse rançon et se soumet... avant de conseiller aux envahisseurs d'attaquer l'Occident. À la cour de Ravenne, on n'est pas beaucoup plus doux : comme au bon vieux temps, on assassine, on complote, on conspire, on se renverse. De nouveaux empereurs apparaissent, mais aucun n'a de légitimité.

Les dignitaires qui réussissent à s'imposer ne contrôlent que de petits territoires. Ce sont des chefs de milices, parfois des barbares restés dans mon Empire après l'avoir envahi. Suprême humiliation : mon dernier empereur officiel, Romulus Augustulus, est le fils du plus proche collaborateur d'Attila, le chef des Huns !

Entendez-moi bien : je ne suis pas raciste. Je n'ai rien contre les gens différents. Vraiment rien. J'insiste. Pas de blague. Quand on a gouverné une énorme partie du monde comme je l'ai fait, ça paraît difficile – je préfère préciser. N'empêche, qu'un Hun vienne mettre un point final à mon histoire, je n'arrive pas à l'avaler. Mille six cents ans plus tard, j'ai toujours une boule dans la gorge quand j'y pense.

En 476, cet étranger, cet envahisseur, cet intrus est éliminé par un chef de guerre milanais, Odoacre. Les historiens considèrent que cette date marque la fin définitive et ultime de mon Empire... et le début du Moyen Âge.

Rutilius Namatianus, un Gaulois, me lançait jadis :

— Des nations diverses, toi, Rome, tu as fait une seule patrie. Les méchants, sous ta domination, se sont trouvés bien de leur défaite. En offrant aux vaincus le partage de tes lois, tu as fait une ville de ce qui, jusque-là, était le monde.

Il avait raison. Ensuite, je suis devenue une ville comme une autre. J'ai été banalisée, violée, souillée, pillée. J'ai perdu mon Empire. Et ma gloire. Mais pas totalement.

D'abord, après l'écroulement d'ex-mon-Empire, de nouveaux rois se sont succédé en Italie. Donc, dans ma région.

Ensuite, parce que l'idéal d'un empire mondial ne disparaît pas d'un coup de lance magique ! Ainsi, l'Église catholique (*catholique* signifie « universel ») continue de se réclamer d'un chef qui vit... dans mes murs ; et certains estiment de nos jours, de manière un peu provocatrice, que la volonté de nombreux pays d'imposer partout leurs valeurs (les droits de l'homme pour les uns, la religion pour les autres) fait écho aux rêves universels de mon Empire.

Et vous-mêmes, dans vos habitudes, dans vos traditions, dans votre langage, vous êtes à bien des égards les héritiers de mes enfants. Presque mes arrière-arrière-arrière-arrière-arrière-arrière-petits-enfants. Pourtant, combien d'entre vous se souviennent que tout a commencé il y a très longtemps, sur de petites collines italiennes ?

Alors, au terme de ces mémoires, je voudrais conclure vite fait : j'ai eu un destin hors du commun. Quand même. Objectivement. Un destin qu'aucune autre ville n'a jamais connu. Mais, qui sait. peut-être une autre cité connaîtra-t-elle bientôt une existence aussi extraordinaire, aussi palpitante ! Pourquoi pas ? On a parfois dit que nous sommes comme les bons romans car, avant la dernière page, nul ne sait jamais comment l'histoire finira. Et on a ajouté : « Encore heureux, autrement cela ne vaudrait pas la peine de les lire ! »

Alors, souvenez-vous de moi. Oui, rappelez-vous les débuts de votre arrière-arrière-arrière-arrière-arrière-arrière-grand-mère, la prochaine fois que vous verrez une petite cabane au bord de l'eau ! Et si c'était moi qui entamais mon retour ?

TABLE

Remerciements

Je ne suis pas historien. Je ne suis pas archéologue. Je n'enseigne pas les lettres classiques à la faculté. Je dois même avouer que je parle latin « à la barbare ». Et cependant, c'est à moi que Rome a choisi de se confier.

J'ai donc transcrit les souvenirs de Rome en raconteur d'histoires. J'ai laissé venir à moi les petites anecdotes pour compléter son récit. Je n'ai rien inventé. Rien découvert. J'ai écouté. Écouté Rome et ses porte-parole : les archéologues, les historiens, les anthropologues, les sociologues, les juristes, les géographes, les philosophes, les professeurs de langue ancienne. Écouté tous ceux qui ont droit de cité. D'être cités. Et je me suis laissé émouvoir. Agacer. Enflammer. J'ai grappillé à droite, à gauche, au centre. Avec une seule préoccupation en tête : demeurer au plus près du récit que Rome, à travers tant de témoignages, me faisait, des millénaires après sa mythique fondation.

Alors, je l'avoue (mais, en l'avouant, je mens peut-être un peu), je n'ai pas dit « *la* vérité, rien que la vérité, toute la vérité ». Parce que la vérité n'existe pas. Elle est intérieure. Multiple. Oh, bien sûr, il y a des exactitudes matérielles. Des faits. Mais ils sont si partiels, si dérisoires ! Leur petite taille les rend presque mensongers.

Qu'on se rassure ! Je suis resté aussi proche que possible de ce que nous apprend l'Histoire. Simplement, quand j'avais un trou, quand *il y avait un trou dans l'Histoire*, Rome m'a soufflé *son* histoire. Sa version.

Je tiens à ajouter quelques paragraphes sur l'écriture même de ce texte. Vous le savez sans doute, l'écriture est un métier bizarre, puisqu'il se pratique seul *et* à plusieurs.

Grand merci donc à Rome, sans qui strictement rien.

Grand merci aussi à ses archéologues, historiens, anthropologues, sociologues, juristes, géographes, philosophes, admirateurs lettrés et paparazzi de toute époque, auxquels j'ai emprunté la trame et les anecdotes qui constituent cette histoire, notamment Janine Auboyer, André Aymard, Thomas Bauzou, Raymond Bloch, Marcel Bordet, Glen W. Bowersock, Dominique Briquel, Giovanni Brizzi, César, Cicéron, Filippo Coarelli, Paul Corbier, Jean-Michel David, Denys d'Halicarnasse, Jacques Gaillard, Alexandre Grandazzi, Pierre Grimal, Georges Hacquard, Roger Hanoune, François Hinard, Léon

Homo, Yann Le Bohec, Pierre Lévêque, Martial qui m'a bien fait rire, Michel Meslin, Yves Perrin, Plutarque, Polybe, Jean-Noël Robert, Jean-Michel Roddaz, Norbert Rouland, Catherine Salles, Salluste, Chris Scarre, John Scheid, Joël Schmidt, Charles-Louis de Secondat, Suétone, Tacite, Jean-Paul Thuillier, Tite-Live et Paul Veyne.

Grand merci aussi à Charlotte Ruffault, sans qui pas grand-chose, alors que, six ans plus tard, quelque chose.

Grand merci aussi à Caroline Guillot, sans qui tellement moins bien : elle a porté ce livre et l'a lustré avec douceur, afin que je puisse ensuite tirer tous les honneurs de *son* travail. Rome tient néanmoins à regretter que la jeune et brillante éditrice ait censuré la plupart de ses gros mots, et notamment ses préférés : *peigne-zizi* et *pisse-froid*.

Grand merci aussi à Stavroula Keffalonitis, savante latiniste, brillante normalienne, fascinante agrégée, étonnante prof de fac, et à Caroline Touitou, savante historienne, brillante normalienne, fascinante agrégée, subtile guitariste, qui m'ont fait toutes deux l'amitié de m'aider à retrouver mon chemin dans la Ville éternelle quand je m'y égarais.

Merci aussi au trio d'amis-consultants auquel j'ai recouru à des moments et des degrés divers : Olivier Balazuc, écrivain précieux et éminent latiniste ; Mathieu Lours, agrégé d'histoire, professeur doctorant et caution italianisante de cet ouvrage ; Céline Marteau-Romatif, agrégée de lettres modernes et professeure de français.

Merci aussi à Thomas Leclere, grand initiateur ; à Malina Stachurska, fournisseuse officielle de tisane, carafes, vodka bisonique, bruits de vagues grecques, sourires et bonne grammaire ; à Constance Joly-Girard, guide fellinienne trop magique ; et à Florence, qui, presque involontairement, a trouvé le juste cap, déroutant la « route du *Rome* » pour mener cette embarcation à bon port alors qu'elle menaçait de chavirer.

Merci aussi aux différents phares qui ont éclairé ma direction jusqu'à l'embarcadère, notamment : mes marraines chartistes préférées, Marie-Aude Murail et Anne-Marie Pol ; mes corres', Juliette, Moïra, Nissa, Fabienne-Fabienne ; la *gens* de Narbonne-Plage ; la Bricoteam, et notamment Salomé, Frédéric et Karholine ; sans oublier celles et ceux qui ont, un jour ou l'autre, acheté l'un de mes livres en signe d'amitié, de curiosité ou, allons donc, d'intérêt – j'espère que ce livre-ci vous a plu !

Pour finir ces mémoires, mes meilleurs souvenirs à Myriam-Latifa d'Aix et de Sevran (tu vois, je n'ai pas oublié...) ; le salut à Axel, qui est persuadé qu'il faut être sous acide pour écrire ce genre de livres, ce qui me flatte beaucoup ; le coucou-le-voilà-enfin à Rémi ; un cordial *ave* roux et barbu à Christophe, fan avant la lettre et suétonophile contagieux ; et la bise-malgré-que à Marie-Louise, à qui j'avais promis ces histoires de toute éternité.

Une dernière précision : les poètes anonymes cités dans ce texte sont Petrus Lukius, Anna Silvestra et Eugenius Zamiatinus.

Voilà, quelques phrases encore, et ce livre sera terminé. Par chance, quand une histoire s'achève, elle continue de vivre dans nos mémoires. À tous, donc, bons souvenirs de Rome. Faites de beaux rêves et vivez de belles histoires !

Bertrand Ferrier

Composition JOUVE
Impression réalisée sur CAMERON par
BRODARD ET TAUPIN
La Flèche
en novembre 2004

Dépôt légal imprimeur : 26503 – Éditeur : 52656
20-16-010-8/01 – ISBN : 2-01-200910-7
Loi n° 49-956 du 16 juillet 1949 sur les publications destinées à la jeunesse.
Dépôt légal : novembre 2004